W0048061

White Christmas

FOTOGRAFIE

LISA NIESCHLAG UND JULIA CAWLEY

LISA NIESCHLAG  LARS WENTRUP

White Christmas

REZEPTE & GESCHICHTEN
FÜR EINE ENTSPANNTE
WEIHNACHTSZEIT

Hölker Verlag

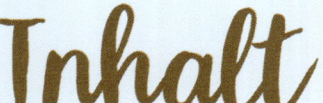

Inhalt

SLEIGH BELLS RING
Naschereien für die Adventszeit

WINTER WONDERLAND
Wärmendes für kalte Tage

DASHING THROUGH THE SNOW
Leckereien zum Verschenken

HAVE YOURSELF A MERRY LITTLE CHRISTMAS
Weihnachtsgebäck

O HOLY NIGHT!
Festliche Menüs

Geschichten

DER TRAUM VON WEISSER WEIHNACHT

Der erste Schnee im Dezember, Flocken wirbeln vor dem Fenster durch die Luft, drinnen zaubert Puderzucker zarte Hauben auf köstliche Plätzchen. Wer die Augen schließt, sieht Schlittenspuren im frischen Weiß, einen Spaziergang durch den verschneiten Winterwald, Schnee, den wir vom frisch geschlagenen Christbaum schütteln – das wäre schön!

Auch wenn weiße Weihnachten selten geworden sind, lebt doch der Traum seit Kindertagen in uns allen. Geht es Ihnen auch so? Herzlich willkommen bei „White Christmas": Hier gibt es Seite für Seite ein wahres Winter-Wonderland – zusammen mit kreativen Kochrezepten und Backideen für vorweihnachtliche Glücksgefühle wie früher!

Den Schnee hat vor allem Julia Cawley mit ihren Fotos eingefangen. Sie lebt und arbeitet in Hamburg und hat sich auf die Spuren der weißen Pracht begeben – vom hohen Norden bis in die südlichen Alpen. Uns alle hat die Sehnsucht nach weißen Weihnachten nie losgelassen. Und wir haben sie gefunden: im Schwarzwald, in den bayerischen Bergen, in Südtirol. Es sind Schneelandschaften und Winterbilder wie aus unseren Träumen.

Doch warum wünscht sich eigentlich jeder weiße Weihnachten? Der Grund ist ganz einfach: Der erste Schnee verwandelt unsere vertraute Umgebung – alles ringsum, Häuser, Straßen und Wälder werden sanft und ganz langsam mit einer

Watteschicht bedeckt. Ruhe und Stille kehren ein, die Geräusche des Alltags verstummen mehr und mehr, werden abgelöst vom wunderbaren Knirschen unter unseren Schuhen, wenn wir endlich durch den Schnee stapfen, dick eingepackt und glücklich wie Kinder. Entschleunigung streichelt unsere Seele, die Hektik scheint zu verschwinden. Wir gewinnen Muße zum gemeinsamen Kochen und Backen und freuen uns auf die schönsten Leckereien. Denn miteinander Genießen gehört ja auch zu Weihnachten.

Für diese Momente verwöhnen wir Sie gern mit besonderen Rezepten. Lassen Sie sich die wundervollste Zeit des Jahres im Kreise von Freunden, Familie und anderen lieben Menschen so richtig schmecken, schlagen Sie ein neues Kapitel aus der kreativen Küche auf und starten Sie nach traumhaften Festtagen gestärkt ins neue Jahr.

Merry white Christmas

wünschen Lisa und Lars

Der Schneemann

Manfred Kyber

Es war einmal ein Schneemann, der stand mitten im tief verschneiten Wald und war ganz aus Schnee. Er hatte keine Beine und Augen aus Kohle und sonst nichts, und das ist wenig. Aber dafür war er kalt, furchtbar kalt. Das sagte auch der alte griesgrämige Eiszapfen von ihm, der in der Nähe hing und noch viel kälter war.

„Sie sind kalt!", sagte er ganz vorwurfsvoll zum Schneemann. Der war gekränkt. „Sie sind ja auch kalt", antwortete er. „Ja, das ist etwas ganz anderes", sagte der Eiszapfen überlegen.

Der Schneemann war so beleidigt, dass er fortgegangen wäre, wenn er Beine gehabt hätte. Er hatte aber keine Beine und blieb also stehen, doch nahm er sich vor, mit dem unliebenswürdigen Eiszapfen nicht mehr zu sprechen. Der Eiszapfen hatte unterdessen was anderes entdeckt, was seinen Tadel reizte: Ein Wiesel lief über den Weg und huschte mit eiligem Gruß an den beiden vorbei. „Sie sind zu lang, viel zu lang!", rief der Eiszapfen hinter ihm her. „Wenn ich so lang wäre wie Sie, ginge ich nicht auf die Straße!" – „Sie sind doch auch lang!", knurrte das Wiesel verletzt und erstaunt. „Das ist etwas ganz anderes!", sagte der Eiszapfen mit unverschämter Sicherheit und knackte dabei ordentlich vor lauter Frost.

Der Schneemann war empört über diese Art, mit Leuten umzugehen, und wandte sich, soweit ihm das möglich war, vom Eiszapfen ab. Da lachte was hoch über ihm in den Zweigen einer alten schneeverhangenen Tanne.

Und wie er hinaufsah, saß ein wunderschönes, weißes, weiches Schnee-Elfchen oben und schüttelte die langen hängenden Haare, dass tausend kleine Schneesternchen herabfielen, dem armen Schneemann gerade auf den Kopf. Das Schnee-Elfchen lachte noch lauter und lustiger, dem Schneemann aber wurde ganz seltsam zumute und er wusste gar nicht, was er sagen sollte; und da sagte er schließlich: „Ich weiß nicht, was das ist ..." – „Das ist etwas ganz anderes", höhnte der Eiszapfen neben ihm. Aber dem Schneemann war so seltsam zumute, dass er gar nicht mehr auf den Eiszapfen hörte, sondern immer hoch über sich auf den Tannenbaum sah, in dessen Krone sich das weiße Schnee-Elfchen wiegte und die langen hängenden Haare schüttelte, dass tausend kleine Schneesternchen herabfielen.

Der Schneemann wollte unbedingt etwas sagen über das eine, von dem er nicht wusste, was es war, und von dem der Eiszapfen sagte, dass es etwas ganz anderes wäre. Er dachte schrecklich lange darüber nach, sodass ihm die Kohlenaugen ordentlich herausstanden vor lauter Gedanken, und schließlich wusste er, was er sagen wollte, und da sagte er: „Schnee-Elfchen im silbernen Mondenschein, du sollst meine Herzallerliebste sein!" Dann sagte er nichts mehr, denn er hatte das Gefühl, dass nun das Schnee-Elfchen etwas sagen müsse, das war ja wohl auch nicht unrichtig.

Das Schnee-Elfchen sagte aber nichts, sondern lachte so laut und lustig, dass die alte Tanne, die doch sonst gewiss nicht für Bewegung war, missmutig und erstaunt die Zweige schüttelte und sogar vernehmlich knarrte. Da wurde es dem armen, kalten Schneemann so brennend heiß ums Herz, dass er anfing vor lauter brennender Hitze zu schmelzen; und das war nicht schön. Zuerst schmolz der Kopf und das ist das Unangenehmste – später geht's ja leichter. Das Schnee-Elfchen aber saß ruhig hoch oben in der weißen Tannenkrone und wiegte sich und lachte und schüttelte die langen hängenden Haare, dass tausend kleine Schneesternchen herabfielen.

Der arme Schneemann schmolz immer weiter und wurde immer kleiner und armseliger und das kam alles von dem brennenden Herzen. Und das ist so weitergegangen und der Schneemann war schon fast kein Schneemann mehr, da ist der Heilige Abend gekommen und die Englein haben die goldenen und silbernen Sterne am Himmel geputzt, damit sie schön glänzen in der Heiligen Nacht.

Und da ist etwas Wunderbares geschehen: Wie das Schnee-Elfchen den Sternenglanz der Heiligen Nacht gesehen hat, da ist ihm so seltsam zumute geworden und da hat's mal auf den Schneemann heruntergesehen, der unten stand und schmolz und eigentlich schon so ziemlich zerschmolzen war. Da ist's dem Schnee-Elfchen so brennend heiß ums Herz geworden, dass es heruntergehuscht ist vom

hohen Tann und den Schneemann auf den Mund geküsst hat, so viel noch davon übrig war. Und wie die beiden brennenden Herzen zusammen waren, da sind sie alle beide so schnell geschmolzen, dass sich sogar der Eiszapfen darüber wunderte, so ekelhaft und unverständlich ihm die ganze Sache auch war.

So sind nur die beiden brennenden Herzen zurückgeblieben, und die hat die Schneekönigin geholt und in ihren Kristallpalast gebracht; und da ist's wunderschön und der ist ewig und schmilzt auch nicht. Und zu alledem läuteten die Glocken der Heiligen Nacht. Als aber die Glocken läuteten, ist das Wiesel wieder herausgekommen, weil es so gerne das Glockenläuten hört; und da hat's gesehen, dass die beiden weg waren. „Die beiden sind ja weg", sagte es, „das ist wohl der Weihnachtszauber gewesen." „Ach, das war ja etwas ganz anderes!", sagte der Eiszapfen rücksichtslos – und das Wiesel verzog sich empört in seine Behausung.

Auf die Stelle aber, wo die beiden geschmolzen waren, fielen Tausend und Abertausend kleine weiße, weiche Flocken, sodass niemand mehr was von ihnen sehen und sagen konnte. – Nur der Eiszapfen hing noch genauso da, wie er zuerst gehangen hatte. Und der wird auch niemals an einem brennenden Herzen schmelzen und auch gewiss nicht in den Kristallpalast der Schneekönigin kommen – denn der ist eben etwas ganz anderes! ❄

NASCHEREIEN
FÜR DIE
ADVENTSZEIT

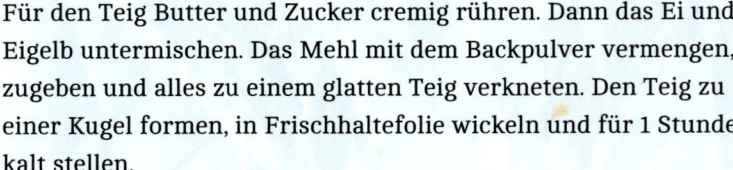

NUSSECKEN

🔔

Das Lieblingsgebäck bietet unzählige Variationsmöglichkeiten. Statt Johannisbeerkonfitüre eignet sich auch Orangenmarmelade. Die bittere Note bildet einen tollen Kontrast zu den karamellisierten Nüssen! Walnüsse, Mandeln oder Pinienkerne sind feine Alternativen zu Haselnüssen.

FÜR 1 BLECH

FÜR DEN TEIG:
100 g weiche Butter
100 g Zucker
1 Ei
1 Eigelb
200 g Mehl
1 TL Backpulver

FÜR DEN BELAG:
125 g Butter
125 g Zucker
250 g gemahlene Haselnüsse

AUSSERDEM:
Mehl für die Arbeitsfläche
ggf. weiche Butter für das Blech
Johannisbeerkonfitüre zum
  Bestreichen
150 g Zartbitterkuvertüre

Für den Teig Butter und Zucker cremig rühren. Dann das Ei und Eigelb untermischen. Das Mehl mit dem Backpulver vermengen, zugeben und alles zu einem glatten Teig verkneten. Den Teig zu einer Kugel formen, in Frischhaltefolie wickeln und für 1 Stunde kalt stellen.

Für den Belag Butter, Zucker und 2 EL Wasser kurz in einem Topf aufkochen, bis sich der Zucker aufgelöst hat. Die Haselnüsse zugeben und alles gut verrühren. Die Mischung abkühlen lassen.

Den Backofen auf 190 °C vorheizen, ein Backblech mit Backpapier auslegen oder besser noch mit Butter fetten (dann lässt sich der Teig hinterher auf dem Blech leichter schneiden). Den Teig auf der leicht bemehlten Arbeitsfläche dünn ausrollen und das Blech komplett damit auslegen. Den Teig mit einer Gabel mehrmals einstechen und dünn mit Johannisbeerkonfitüre bestreichen. Die Haselnussmasse gleichmäßig darauf verteilen. Das Blech in den Ofen schieben und den Teig 15–18 Minuten goldbraun backen.

Das Blech herausnehmen und das Gebäck noch heiß zunächst in gleich große Quadrate (ca. 7 x 7 cm), dann in Dreiecke schneiden. Dazu am besten ein langes, dünnes Messer nehmen und nach jedem Schnitt in kochend heißes Wasser tauchen. Die Nussecken abkühlen lassen. Die Kuvertüre über dem heißen Wasserbad schmelzen und die Nussecken damit an den zwei langen Ecken bepinseln. Die Kuvertüre auf einem Kuchengitter fest werden lassen.

HONIG-ZIMT-PRALINEN
MIT AMARANT

Bereits vor über 3000 Jahren erfreute sich Amarant bei den Inkas und Azteken großer Beliebtheit. Das Wunderkorn, das übersetzt „unsterblich" bedeutet, gehörte zu den Hauptnahrungsmitteln dieser Völker. Für Süßspeisen eignet sich besonders der gepuffte Amarant. Zu finden in Drogeriemärkten, Bioläden oder gut sortierten Supermärkten.

Nussmus, Honig, Zimt, Kardamom und Piment in einer Schüssel verrühren. Den Amarant zugeben und alles gut miteinander vermengen, bis eine klebrige, formbare Masse entsteht.

Die Pralinenmischung zu trauben- bis walnussgroßen Kugeln formen. Ist die Masse zu klebrig, noch etwas Amarant untermischen. Ist sie zu trocken, zu gleichen Teilen Nussmus und Honig untermengen. Die Pralinen nach Belieben in die Förmchen setzen und entweder gleich genießen oder bis zu 10 Tage im Kühlschrank lagern.

FÜR CA. 35 PRALINEN

170 g Nussmus nach Wahl
  (z. B. Cashewmus, Mandelmus
  oder Erdnussmus)
60 g Honig
1 TL Zimt
1 Msp. gemahlener Kardamom
1 Prise gemahlener Piment
50 g gepuffter Amarant

AUSSERDEM:
ca. 35 Pralinenförmchen nach
Belieben

KARAMELL-SCHOKOLADEN-KONFEKT MIT FLEUR DE SEL

Zartschmelzende Schokolade und süßes Karamell treffen auf erlesenes Fleur de Sel – diese Geschmackskombination ist einfach unschlagbar. Das ist sicher auch der Grund, warum die USA dieser Verbindung einen eigenen Tag schenkten und den 19. März zum National Chocolate Caramel Day, zum nationalen Schokoladen-Karamell-Tag, erkoren haben.

FÜR 25–30 STÜCK

160 g brauner Zucker
1 Pck. Bourbon-Vanillezucker
125 ml Sahne
80 ml ungesüßte Kondensmilch (7,5 % Fett)
90 g Butter
1 EL Ahornsirup
50 g Vollmilchschokolade

AUSSERDEM:
Spritzbeutel mit Sterntülle
ca. 20 kleine Pralinenförmchen
Fleur de Sel zum Bestreuen

Braunen Zucker, Vanillezucker, Sahne, Kondensmilch, Butter und Ahornsirup in einen weiten Topf geben und erhitzen. Die Mischung unter Rühren aufkochen, bis alles gut vermengt ist. Dann die Hitze stark reduzieren und die Karamellmasse bei niedriger Temperatur ca. 50 Minuten offen köcheln lassen. Sie sollte stark eingedickt und zähflüssig sein. Währenddessen immer wieder umrühren.

Die Schokolade in Stücke brechen und in der heißen, aber nicht mehr köchelnden Karamellmasse unter Rühren schmelzen. Alles ein paar Minuten abkühlen lassen, dann mit dem Handrührgerät cremig schlagen. Die Konfektmasse in einen Spritzbeutel füllen und in die Pralinenförmchen spritzen. Das Karamell-Schokoladen-Konfekt sofort mit Fleur de Sel bestreuen und komplett auskühlen lassen.

KOKOSMAKRONEN

Ursprünglich wurden die Makronen mit Mandeln gebacken. Erst im 19. Jahrhundert begann der Siegeszug der Kokosnuss in Europa und den Vereinigten Staaten. Es waren amerikanische Juden, die die exotische Nuss als Erste für ihre Makronen verwendet haben. Sie servierten die weißen Plätzchen zum Sederabend.

Den Backofen auf 140 °C vorheizen. Die Backoblaten auf einem Backblech verteilen.

Die Eiweiße mit dem Salz steif schlagen. Dann die Hälfte des Zuckers einrieseln lassen und so lange weiterschlagen, bis die Masse glänzt und kleine Spitzen bilden. Restlichen Zucker, Limettenabrieb, Kokosraspel und Speisestärke mischen und locker unter den Eischnee heben, bis alles gut vermengt ist.

Die Makronenmasse mit zwei Teelöffeln gleichmäßig auf die Oblaten häufen. Ca. 20 Minuten im Ofen backen. Den Backofen ausschalten und die Kokosmakronen bei leicht geöffneter Tür weitere 10 Minuten trocknen lassen.

Die Kokosmakronen aus dem Ofen nehmen und auf einem Kuchengitter vollständig auskühlen lassen.

FÜR 1 BLECH (CA. 30 STÜCK)

2 Eiweiß
1 Prise Salz
150 g Zucker
Abrieb von 1 Bio-Limette
150 g Kokosraspel
1 TL Speisestärke

AUSSERDEM:
ca. 30 Backoblaten (∅ 5 cm)

GLÜHWEINTRÜFFEL

♟

Heiß und aromatisch wärmt Glühwein Herz und Seele und gehört zum festen Repertoire der Weihnachtszeit. Möchte man ihn selber zubereiten, darf man auf keinen Fall auf die typischen Weihnachtsgewürze wie Nelken, Kardamom, Piment, Sternanis und Zimt verzichten. Wird er im Rezept durch alkoholfreien Kinderpunsch ersetzt, können auch kleine Gäste bedenkenlos von den Trüffeln naschen.

FÜR 25–30 STÜCK (JE NACH GRÖSSE)

400 g Vollmilchkuvertüre
100 ml Glühwein
80 g Butter
Abrieb von ½ kleinen Bio-Orange
½ TL Zimt
1 Prise Salz

AUSSERDEM:

Cassispulver zum Wälzen
(online oder im Gewürzhandel
erhältlich; alternativ Kakaopulver)
Pralinenförmchen nach Belieben

Die Vollmilchkuvertüre hacken. Den Glühwein kurz in einem Topf aufkochen und die Herdplatte ausschalten. Sofort Butter, Orangenabrieb, Zimt und Salz untermischen. Die gehackte Kuvertüre zugeben und unter Rühren in der Glühweinmischung schmelzen.

Die Trüffelmasse in eine flache Schale umfüllen und kurz abkühlen lassen. Abgedeckt für mindestens 5 Stunden oder über Nacht in den Kühlschrank stellen. Die Masse sollte sich gut formen lassen. Jeweils 1–2 TL der Trüffelmasse mit den Händen zu 2–3 cm großen Kugeln rollen. Sofort in Cassis- oder Kakaopulver wälzen und nach Belieben in Pralinenförmchen setzen. Die Trüffel kühl lagern.

MACADAMIA-STERNE

♣

Die Macadamia ist die Königin unter den Nüssen. Kein Wunder, denn die heiß begehrte Nuss aus Australien ist außen köstlich-knackig und innen samtig-weich. Sind keine Macadamias erhältlich, können auch Walnüsse oder Paranüsse verwendet werden.

Das Mehl mit Haselnüssen, Zucker und Salz vermengen. Die Butter mit dem Eigelb zugeben und alles zu einem glatten Teig verkneten. Den Teig zu einer Kugel formen, in Frischhaltefolie wickeln und für 1 Stunde kalt stellen.

In einer Pfanne braunen Zucker, Honig und Zimt erhitzen und gut verrühren. Die Macadamianüsse zugeben und hellbraun karamellisieren. Dann sofort auf Backpapier ausbreiten. Die Nüsse sollten möglichst nebeneinanderliegen und nicht zusammenkleben. Abkühlen lassen.

Den Backofen auf 180 °C vorheizen, ein Backblech mit Backpapier auslegen. Den Teig auf der bemehlten Arbeitsfläche 3–4 mm dünn ausrollen. Sollte er zu weich sein, noch etwas Mehl unterkneten. Aus dem Teig Sterne (⌀ ca. 6 cm) ausstechen, Teigreste wieder zusammenkneten, ausrollen und erneut ausstechen. Die Plätzchen auf dem Blech verteilen und jeweils eine Macadamianuss in die Mitte drücken. Das Blech in den Ofen schieben und die Plätzchen 11–14 Minuten backen. Sie erscheinen dann noch etwas weich, härten aber beim Auskühlen nach.

Die Kuvertüre über dem heißen Wasserbad schmelzen, in einen Gefrierbeutel füllen und etwas abkühlen lassen. Eine kleine Ecke vom Gefrierbeutel abschneiden und die ausgekühlten Plätzchen mit der Kuvertüre verzieren. Auf einem Kuchengitter fest werden lassen.

FÜR 1 BLECH (CA. 30 STÜCK)

160 g Mehl plus ggf. etwas mehr
40 g gemahlene Haselnüsse
70 g Zucker
1 Prise Salz
125 g kalte Butter, in Stücken
1 Eigelb
1,5 EL brauner Zucker
1 EL Honig
¼ TL Zimt
ca. 30 Macadamianüsse (ca. 75 g)

AUSSERDEM:
Mehl für die Arbeitsfläche
ca. 100 g Vollmilchkuvertüre

SCHWARZ-WEISS-GEBÄCK

Schwarz-Weiß-Gebäck ist ein Klassiker unter den Weihnachtsplätzchen. Wer den knusprigen Plätzchen etwas Farbe verleihen möchte, mischt anstelle des Kakaos Matcha-Pulver unter den Teig und kann sein grünes Wunder erleben!

FÜR 2 BLECHE

300 g Mehl
120 g Zucker
1 Pck. Bourbon-Vanillezucker
1 TL Backpulver
1 Prise Salz
150 g kalte Butter, in Stücken
1 Eigelb (Größe L)
2 EL Kakaopulver

AUSSERDEM:
Mehl für die Arbeitsfläche
etwas Milch zum Bepinseln

Mehl, Zucker, Vanillezucker, Backpulver und Salz vermengen. Die Butter zugeben und mit der Mehlmischung krümelig reiben. Dann das Eigelb und 1 EL kaltes Wasser untermischen und alles rasch (am besten mit den Händen) zu einem glatten Teig verarbeiten. Den Teig in zwei gleich schwere Hälften teilen. Eine Teighälfte sorgfältig mit dem Kakao verkneten. Die Teighälften zu Kugeln formen, in Frischhaltefolie wickeln und für mindestens 1 Stunde in den Kühlschrank stellen.

Die Teige nochmals halbieren. Jedes Teigviertel auf der leicht bemehlten Arbeitsfläche erneut durchkneten und zu je 1 cm dicken Rechtecken (ca. 12 x 6 cm) ausrollen. Die Kanten sauber abschneiden. Die Rechtecke in exakt 1 cm breite Streifen schneiden. Je einen dunklen, hellen und wieder einen dunklen Streifen nebeneinanderlegen.

Die benachbarten Kanten mit wenig Milch bepinseln und die Teigstreifen vorsichtig aneinanderdrücken. Anschließend zwei helle auf die beiden dunklen und einen dunklen auf den hellen Teigstreifen legen. Wieder alle Kanten mit Milch bepinseln und leicht zusammendrücken. Oben mit zwei dunklen und einem hellen Teigstreifen abschließen.

So ergibt sich ein Schachbrettmuster mit neun Feldern und eine ca. 12 cm lange und 3 cm breite Stange. Mit den übrigen Teigvierteln so fortfahren, bis der gesamte Teig aufgebraucht ist. Die Teigstangen in Frischhaltefolie wickeln und für 15 Minuten ins Gefrierfach legen.

Den Backofen auf 180 °C vorheizen und zwei Bleche mit Backpapier auslegen. Die Teigstangen mit einem sehr scharfen Messer in 2–3 mm dünne Quadrate schneiden und diese auf den Blechen verteilen. Die Bleche nacheinander in den Ofen schieben und das Gebäck ca. 10 Minuten backen. Herausnehmen, auf dem Backpapier vom Blech ziehen und abkühlen lassen. Die Plätzchen härten noch nach.

SPITZBUEN

Alle Jahre wieder … Spitzbuben gehören sicher zu den beliebtesten Weihnachtsplätzchen.
Wer gern noch mehr geschmackliche Varianz auf den Plätzchenteller zaubern möchte, bestreicht
das Gebäck einfach mit verschiedenen Fruchtgelees.

Für den Teig Mehl, Mandeln, Zucker, Vanillezucker und Salz
mischen. Die Butter zufügen und mit der Mehlmischung krümelig
reiben. Dann das Ei zugeben und alles zügig zu einem geschmeidigen Teig verkneten. Den Teig in Frischhaltefolie wickeln und für
mindestens 40 Minuten kalt stellen.

Den Backofen auf 180 °C vorheizen. Den Teig auf der leicht bemehlten Arbeitsfläche ca. 2 mm dünn ausrollen und daraus Kreise
ausstechen. Aus der Hälfte der Teigkreise kleinere Kreise, Sterne
oder Herzen ausstechen. Alle Plätzchen auf zwei mit Backpapier
ausgelegten Blechen verteilen. Die Plätzchen nacheinander
10–12 Minuten hellgelb backen. Sie erscheinen dann noch etwas
weich, härten aber noch nach. Die Plätzchen vollständig auskühlen lassen.

Alle Plätzchen mit Loch mit Puderzucker bestäuben. Für die
Füllung Gelee mit Zucker und Zitronensaft in einem kleinen
Topf erhitzen und verrühren, bis sich der Zucker aufgelöst hat.
Lauwarm abkühlen lassen. Die Plätzchen ohne Loch dünn mit der
Füllung bestreichen. Die übrigen Plätzchen darauf setzen und
leicht andrücken. Mit einem kleinen Löffel die Löcher vorsichtig
mit dem restlichen Gelee füllen.

**FÜR 20–30 STÜCK
(JE NACH GRÖSSE DER
AUSSTECHFORM)**

FÜR DEN TEIG:
225 g Mehl
100 g gemahlene blanchierte
   Mandeln
140 g Zucker
1 Pck. Bourbon-Vanillezucker
1 Prise Salz
125 g kalte Butter, in Stücken
1 Ei

FÜR DIE FÜLLUNG:
150 g Johannisbeergelee (alternativ
   Himbeerkonfitüre ohne Kerne)
50 g Zucker
2 TL Zitronensaft

AUSSERDEM:
Mehl für die Arbeitsfläche
Puderzucker zum Bestäuben

CRANBERRY-KARDAMOM-COOKIES

—— 🔔 ——

Die wilde Beere verdankt ihren klangvollen Namen ihrer Blütenform. Die ähnelt dem Kopf eines Kranichs (engl. crane). Daher ist es nicht verwunderlich, dass sich der deutsche Name Moosbeere nicht wirklich durchsetzen konnte.

FÜR CA. 15 STÜCK

50 g getrocknete Cranberrys
100 g weiße Schokolade
200 g Mehl plus Mehl zum Formen
1 TL Backpulver
½ TL gemahlener Kardamom
¼ TL Zimt
1 Prise Salz
140 g weiche Butter
75 g Zucker
1 Pck. Bourbon-Vanillezucker
1 großes Ei (Größe L)

Cranberrys und weiße Schokolade hacken. Mehl, Backpulver, Kardamom, Zimt und Salz in einer Schüssel mischen. In einer anderen Schüssel die Butter mit Zucker und Vanillezucker cremig rühren. Das Ei zufügen und untermixen. Die Mehlmischung in mehreren Schritten zugeben und untermischen. Cranberrys und gehackte Schokolade mit einem Teigschaber unterheben.

Den Backofen auf 180 °C vorheizen und ein Backblech mit Backpapier auslegen. Aus dem Teig Kugeln formen (∅ ca. 3,5 cm), mit 2,5 cm Abstand auf das Blech setzen und leicht flach drücken. Die Cookies 15–17 Minuten auf mittlerer Schiene im Ofen backen. Anschließend auf einem Kuchengitter auskühlen lassen.

WÄRMENDES
FÜR
KALTE TAGE

Eine Wintergeschichte

Max Bolliger

Es war einmal ein Mann. Er besaß ein Haus, einen Ochsen, eine Kuh, einen Esel und eine Schafherde. Der Junge, der die Schafe hütete, besaß einen kleinen Hund, einen Rock aus Wolle, einen Hirtenstab und eine Hirtenlampe.

Auf der Erde lag Schnee. Es war kalt und der Junge fror. Auch der Rock aus Wolle schützte ihn nicht. „Kann ich mich in deinem Haus wärmen?", bat der Junge den Mann.

„Ich kann die Wärme nicht teilen. Das Holz ist teuer", sagte der Mann und ließ den Jungen in der Kälte stehen.

Da sah der Junge einen großen Stern am Himmel. „Was ist das für ein Stern?" dachte er.

Er nahm seinen Hirtenstab, seine Hirtenlampe und machte sich auf den Weg.

„Ohne den Jungen bleibe ich nicht hier", sagte der kleine Hund und folgte seinen Spuren.

„Ohne den Hund bleiben wir nicht hier", sagten die Schafe und folgten seinen Spuren.

„Ohne die Schafe bleibe ich nicht hier", sagte der Esel und folgte ihren Spuren.

„Ohne den Esel bleibe ich nicht hier", sagte die Kuh und folgte seinen Spuren.

„Ohne die Kuh bleibe ich nicht hier", sagte der Ochse und folgte ihren Spuren.

„Es ist auf einmal so still", dachte der Mann, der hinter seinem Ofen saß.

Er rief nach dem Jungen, aber er bekam keine Antwort. Er ging in den Stall, aber der Stall war leer. Er schaute in den Hof hinaus, aber die Schafe waren nicht mehr da.

„Der Junge ist geflohen und hat alle meine Tiere gestohlen", schrie der Mann, als er im Schnee die vielen Spuren entdeckte.

Doch kaum hatte der Mann die Verfolgung aufgenommen, fing es an zu schneien. Es schneite dicke Flocken. Sie deckten die Spuren zu. Dann erhob sich der Sturm, kroch dem Mann unter die Kleider und biss ihn in die Haut. Bald wusste er nicht mehr, wohin er sich wenden sollte.

Der Mann versank immer tiefer im Schnee.

„Ich kann nicht mehr!", stöhnte er und rief um Hilfe. Da legte sich der Sturm. Es hörte auf zu schneien und der Mann sah einen großen Stern am Himmel.

„Was ist das für ein Stern?" dachte er.

Der Stern stand über einem Stall, mitten auf dem Feld. Durch ein kleines Fenster drang das Licht einer Hirtenlampe. Der Mann ging darauf zu. Als er die Tür öffnete, fand er alle, die er gesucht hatte, die Schafe, den Esel, die Kuh, den Ochsen, den kleinen Hund und den Jungen. Sie waren um eine Krippe versammelt. In der Krippe lag ein Kind. Es lächelte ihm entgegen, als ob es ihn erwartet hätte.

„Ich bin gerettet", sagte der Mann und kniete neben dem Jungen vor der Krippe nieder.

Am andern Morgen kehrten der Mann, der Junge, die Schafe, der Esel, die Kuh, der Ochse und auch der kleine Hund wieder nach Hause zurück.

Auf der Erde lag Schnee. Es war kalt.

„Komm ins Haus", sagte der Mann zu dem Jungen, „ich habe Holz genug. Wir wollen die Wärme teilen." ❄

MÖHREN-KOKOS-SUPPE MIT INGWER UND MANDELN

Besonders an kalten Tagen geht nichts über eine wärmende Suppe. Diese cremige Variante mit fruchtiger Note und dem Aroma der tropischen Ingwerwurzel ist ein echter Wohlfühlbooster. Eine vitaminreiche, kohlenhydratarme Mahlzeit, die auch Veganer erfreut.

Die Möhren schälen, putzen und in grobe Scheiben schneiden. Schalotten, Knoblauch und Ingwer schälen und würfeln.

Das Öl in einem großen Topf erhitzen. Die Schalotten darin ein paar Minuten glasig anschwitzen. Möhren, Knoblauch und Ingwer zugeben und einige Minuten mitbraten. Alles mit Orangensaft ablöschen und diesen komplett reduzieren lassen. Die Gemüsebrühe zugießen, aufkochen und alles ca. 25 Minuten köcheln lassen, bis die Möhren weich sind.

Währenddessen die Mandelblättchen in einer Pfanne ohne Fett unter häufigem Rühren goldbraun rösten.

Die Suppe mit einem Mixstab fein pürieren. Sollte sie zu dick sein, noch etwas Brühe zugießen. Die Suppe ggf. noch durch ein Sieb streichen. Die Kokosmilch einrühren (wer mag, behält 4 TL zum Garnieren zurück) und die Suppe mit Kurkuma, Kreuzkümmel, Koriander, Zimt, Kardamom, Salz und Pfeffer kräftig abschmecken. Auf vier tiefe Teller verteilen und mit gerösteten Mandeln und nach Belieben Kokosmilch und Kräutern garnieren und servieren.

FÜR 4 PERSONEN

750 g Möhren
2 große Schalotten
1 Knoblauchzehe
1 daumengroßes Stück Ingwer
2 EL Rapsöl
100 ml Orangensaft
ca. 750 ml Gemüsebrühe
2 Handvoll Mandelblättchen
200 ml Kokosmilch
¼ TL gemahlene Kurkuma
¼ TL gemahlener Kreuzkümmel
¼ TL gemahlener Koriander
1 Prise Zimt
1 Prise gemahlener Kardamom
Salz
frisch gemahlener schwarzer Pfeffer

AUSSERDEM:
Koriander- oder Petersilienblättchen zum Garnieren nach Belieben

LAUCH-KRÄUTER-SUPPE MIT GEBRATENEN GARNELEN

❦

Lauch ist ein vielseitiges Gemüse und ein ausgezeichneter Vitaminlieferant. Wird er im Winter geerntet, schmeckt er besonders intensiv und verleiht der Suppe eine feine Würze.

FÜR 4–6 PERSONEN

2 kleine Stangen Lauch
1 Stange Staudensellerie
750 g mehligkochende oder vorwiegend festkochende Kartoffeln
1 EL Butter
2 EL Rapsöl
100 ml Weißwein
ca. 1 l Gemüsebrühe
½ Bund glatte Petersilie
½ Bund Schnittlauch
4 Zweige Thymian
200 g rohe geschälte Garnelen (alternativ TK-Garnelen, aufgetaut), entdarmt
1–2 TL Zitronensaft
Salz
frisch gemahlener schwarzer Pfeffer
200 ml Sahne
frisch geriebene Muskatnuss

Den Lauch putzen, waschen, längs halbieren und in feine Streifen schneiden. Den Staudensellerie putzen, waschen und würfeln. Die Kartoffeln schälen, waschen und grob zerkleinern.

Die Butter mit 1 EL Rapsöl in einem großen Topf erhitzen, Lauch und Staudensellerie darin bei niedriger bis mittlerer Temperatur ca. 5 Minuten dünsten. Die Kartoffeln zugeben und kurz mit anschwitzen. Das Gemüse mit Weißwein ablöschen und ein paar Minuten köcheln lassen, bis die Flüssigkeit verdampft ist. Dann die Brühe zugießen, alles aufkochen und mit geschlossenem Deckel ca. 20 Minuten köcheln lassen, bis die Kartoffeln weich sind.

Währenddessen Petersilie, Schnittlauch und Thymian abbrausen und trocken schütteln. Petersilien- und Thymianblättchen abstreifen, den Schnittlauch grob klein schneiden. Wer möchte, stellt etwas zum Garnieren beiseite.

In einer Pfanne das restliche Rapsöl erhitzen und die Garnelen darin von beiden Seiten bei mittlerer bis hoher Temperatur 3–4 Minuten braten, bis sie gerade gar sind. Mit Zitronensaft, Salz und Pfeffer würzen und auf einem abgedeckten Teller beiseitestellen.

Die Suppe vom Herd nehmen, die Kräuter zugeben und alles fein pürieren. Dann die Sahne einrühren und die Suppe mit Salz, Pfeffer und Muskat abschmecken. Die Suppe heiß auf Teller verteilen und mit den Garnelen und – nach Belieben – den Kräutern anrichten.

SCHARFE AUBERGINEN-LASAGNE

—— ✄ ——

Für die Tomatensoße Schalotten und Knoblauch schälen und fein
würfeln. Die Chili putzen, halbieren, entkernen und fein hacken.
Olivenöl und Butter in einem Topf erhitzen und Schalotten, Knoblauch und Chili darin ein paar Minuten anschwitzen. 1 TL Zucker
einrühren und leicht karamellisieren lassen, dann die Mischung
mit Balsamico ablöschen. Passierte und stückige Tomaten zugeben und alles aufkochen. Die Soße ca. 20 Minuten bei niedriger
bis mittlerer Temperatur offen köcheln lassen, anschließend mit
Oregano, Thymian, Salz und Pfeffer würzen und je nach gewünschter Schärfe mit Chiliflocken abschmecken.

Den Backofen auf 220 °C mit zugeschalteter Grillfunktion vorheizen. Die Auberginen waschen, putzen und quer in 0,7–1 cm dicke
Scheiben schneiden. Die Auberginenscheiben auf zwei Bleche
verteilen, von beiden Seiten dünn mit Olivenöl bepinseln und mit
Salz und Pfeffer würzen. Dann die Bleche nacheinander auf die
oberste Schiene des Ofens schieben und die Auberginen ca. 10 Minuten grillen. Nach der Hälfte der Zeit die Scheiben wenden. Die
Backofentemperatur auf 190 °C Ober-/Unterhitze reduzieren.

Für die Béchamel die Butter in einem Topf zerlassen. Das Mehl
darüberstäuben und bei niedriger bis mittlerer Temperatur unter
Rühren 2–3 Minuten anschwitzen. Dann nach und nach die Milch
zugießen, dabei ständig rühren, damit sich keine Klümpchen
bilden. Die Soße bei mittlerer Hitze einmal aufkochen, dann
unter permanentem Rühren 5–10 Minuten stark eindicken lassen.
Die Béchamel kräftig mit Muskat, Salz und Pfeffer würzen.

Eine Auflaufform (ca. 20 x 30 cm) mit wenig Olivenöl auspinseln.
Die Hälfte der Tomatensoße auf dem Boden verteilen, ein Drittel der Béchamelsoße darauf verstreichen, dann mit der Hälfte
der Auberginenscheiben belegen. Die restliche Tomatensoße, ein
weiteres Drittel Béchamel und die übrigen Auberginen einschichten. Die restliche Béchamel auf den Auberginen verteilen, den
Parmesan reiben und gleichmäßig darüberstreuen. Die Form in
den Ofen schieben und die Lasagne 35–45 Minuten backen. Nach
Belieben in den letzten Minuten die Grillfunktion zuschalten, bis
der Parmesan goldbraun ist.

FÜR 4 PERSONEN

FÜR DIE LASAGNE:
3 mittelgroße Auberginen
Olivenöl zum Bepinseln
80 g Parmesan

FÜR DIE TOMATENSOSSE:
2 große Schalotten
1 Knoblauchzehe
1 rote Chilischote
1 EL Olivenöl
1 TL Butter
Zucker
1 EL Balsamicoessig
400 g passierte Tomaten (Dose)
400 g stückige Tomaten (Dose)
je 1 TL getrockneter Oregano und
    Thymian
Chiliflocken nach Belieben

FÜR DIE BÉCHAMEL:
80 g Butter
80 g Mehl
500 ml Milch
frisch geriebene Muskatnuss

AUSSERDEM:
Salz
frisch gemahlener
    schwarzer Pfeffer

WINTERLICHES OFENGEMÜSE MIT SÜSSKARTOFFELPÜREE

Im Ofen geröstetes Gemüse hat einen ganz besonderen und unverwechselbaren Geschmack. Dabei ist es einfach zuzubereiten und bietet viele Variationsmöglichkeiten. Wer es besonders knusprig mag, streut noch Semmelbrösel über die Gemüsespalten. Liebhaber der mediterranen Küche kommen bei Kartoffeln, Zucchini, Paprika und geriebenem Parmesan auf ihre Kosten.

FÜR 4 PERSONEN

FÜR DAS OFENGEMÜSE:

4 Möhren
2 Pastinaken oder
   Petersilienwurzeln
3–4 Knollen Rote Bete
4 Schalotten
4 Knoblauchzehen
2 EL Balsamicoessig
1 EL Honig
½ TL getrockneter Thymian
5 EL Olivenöl
Salz
frisch gemahlener
   schwarzer Pfeffer
40 g gehobelte Haselnüsse

FÜR DAS SÜSSKARTOFFELPÜREE:

1 kg Süßkartoffeln
Salz
5 EL Milch
2 EL Butter
frisch geriebene Muskatnuss
frisch gemahlener
   schwarzer Pfeffer
¼ TL Chiliflocken nach Belieben

Den Backofen auf 180 °C vorheizen. Für das Ofengemüse Möhren und Pastinaken oder Petersilienwurzeln schälen, putzen und je nach Größe längs halbieren, vierteln oder achteln. Das ganze Gemüse sollte in etwa gleich dick geschnitten sein. Die Rote Bete gründlich waschen, abbürsten, putzen und ebenfalls halbieren, vierteln oder achteln. Schalotten und Knoblauch schälen und längs halbieren.

Alle vorbereiteten Zutaten in einer großen Auflaufform oder einem tiefen Blech vermengen. Balsamico mit Honig und Thymian verrühren und das Olivenöl gründlich darunterschlagen. Mit Salz und Pfeffer würzen und das Gemüse damit beträufeln. Alles gut durchmischen und 35–50 Minuten (je nach Dicke) im Ofen garen. In den letzten Minuten die Haselnüsse über das Gemüse streuen und kurz mitrösten.

Für das Püree die Süßkartoffeln waschen, schälen und grob klein schneiden. In kochendem Salzwasser zugedeckt ca. 20 Minuten weich garen. Dann abgießen, zurück in den Topf geben und kurz ausdampfen lassen. In einem zweiten kleinen Topf Milch, Butter, Muskat, Salz, Pfeffer und nach Belieben Chiliflocken erhitzen. Die Süßkartoffeln fein zerstampfen oder durch die Kartoffelpresse geben. Die Milchmischung unterrühren und das Püree mit Salz und Pfeffer abschmecken.

Das Ofengemüse auf Teller verteilen, das Süßkartoffelpüree daneben anrichten und sofort servieren.

KÜRBIS-SPINAT-TARTE
MIT BACON

Für den Teig das Mehl mit dem Salz vermengen und mit Butter und Schmalz krümelig reiben. 2 Esslöffel kaltes Wasser zugeben und den Teig so lange kneten, bis er gerade zusammenhält und sich zu einer Kugel formen lässt. In Frischhaltefolie wickeln und ca. 30 Minuten kalt stellen.

Währenddessen den Backofen auf 200 °C vorheizen. Für die Füllung den Kürbis waschen, putzen, halbieren, von den Kernen befreien und in ca. 2 cm große Würfel schneiden. Die Zwiebel schälen und in Ringe schneiden. Kürbis und Zwiebel auf einem Blech oder in einer Auflaufform mit dem Olivenöl mischen und mit Salz, Pfeffer und Zimt würzen. Dann ca. 15 Minuten im Ofen garen. Den Ofen eingeschaltet lassen.

Die Tarteform mit Butter fetten und mit Mehl ausstäuben, überschüssiges Mehl herausklopfen. Den Teig auf der bemehlten Arbeitsfläche erneut durchkneten und dünn ausrollen. Die Tarteform damit auskleiden, den Teig auch am Rand gut andrücken (auch bei einer Springform einen 3–4 cm hohen Rand formen) und den Boden mehrfach mit einer Gabel einstechen. Den Teig mit Backpapier belegen und mit Hülsenfrüchten beschweren. Ca. 18 Minuten im Ofen blindbacken. Backpapier und Hülsenfrüchte entfernen und den Boden weitere 5 Minuten goldbraun backen.

Den Spinat verlesen, waschen, trocken schleudern und grob hacken. Dann in einer Pfanne bei mittlerer Temperatur ca. 2 Minuten zusammenfallen lassen, in ein Sieb geben und vorsichtig ausdrücken. Mit Salz, Pfeffer und Muskat würzen. Den Feta zerbröseln, den Bacon würfeln.

Den Tarteboden aus dem Ofen nehmen und die Temperatur auf 190 °C reduzieren. Kürbis, Zwiebel, Spinat, Feta und Bacon auf dem Tarteboden verteilen. Eier und Crème fraîche verschlagen, mit Pfeffer würzen und darübergießen. Die Tarte ca. 40 Minuten fertig backen, bis sie schön gebräunt und fest ist.

FÜR 1 HOHE TARTE- ODER SPRINGFORM (Ø 24 CM)

FÜR DEN TEIG:
225 g Mehl
½ TL Salz
75 g kalte Butter, in Stücken
50 g kaltes Schweineschmalz, in Stücken

FÜR DIE FÜLLUNG:
350–400 g Hokkaidokürbis (geputzt gewogen)
1 kleine rote Zwiebel
2 EL Olivenöl
Salz
frisch gemahlener schwarzer Pfeffer
¼ TL Zimt
200 g Blattspinat (alternativ TK-Spinat)
1 Prise frisch geriebene Muskatnuss
75 g Fetakäse
4 Scheiben Bacon
3 große Eier (Größe L)
300 g Crème fraîche

AUSSERDEM:
Butter und Mehl für die Form
Mehl für die Arbeitsfläche
Hülsenfrüchte zum Blindbacken

Winters Einzug

Franz von Pocci

Nun zieht mit seiner ganzen Macht
Herr Winter wieder ein.
Vergangen ist der Fluren Pracht,
erbleicht der Sonne Schein.

Weh uns! Schon naht der kalte Mann
mit seinem weißen Bart!
Wer Arm und Beine rühren kann,
kommt, hemmet seine Fahrt! –

Schließt Tür und Tor und Fenster zu,
und lasst ihn nicht herein,
dass er uns nichts zuleide tu!
Es friert ja Groß und Klein.

Gewaffnet ist der Kinder Schar,
die ihm entgegentritt.
Was hilft's? Er kommt wie alle Jahr,
bringt Schnee und Eis uns mit.

Bringt eine lange, lange Nacht
und einen kurzen Tag,
des Schneegestöbers Flockenjagd
und noch so manche Plag.

Doch kennt er viele Freuden auch,
bringt neuer Märchen Traum
und hat – es ist sein alter Brauch –
bei sich den Weihnachtsbaum.

Eisblumen malt ans Fenster er
in weißem Blütenkranz,
die freuten uns noch immer sehr
mit ihrem Zauberglanz.

Schneemänner gar und Blindemaus
und Schattenspiel bei Licht,
das bringt der Winter auch ins Haus.
Drum schmäht den Alten nicht!

Herein, herein denn, Wintermann!
Komm, setz dich zum Kamin!
Wärm deine kalten Hände dran
und auf ein Märchen sinn! –

Erzähl es dann – wir hören zu,
wir haben sorgsam acht,
und ist es aus, gehn wir zur Ruh
und wünschen gute Nacht.

ENTENBRUST MIT ORANGENSOSSE UND BULGUR

FÜR 4 PERSONEN

FÜR FLEISCH UND SOSSE:
3 Bio-Orangen
1 kleines Stück Ingwer (ca. 2 cm)
2 Barbarie-Entenbrüste mit Haut
   (à 400 g; alternativ TK-Ente,
   aufgetaut)
Salz
frisch gemahlener
   schwarzer Pfeffer
3 EL brauner Zucker
1–2 TL Honig
1 Sternanis
1,5 EL kalte Butter, in Stücken

FÜR DEN BULGUR:
100 g blanchierte Mandeln
100 g getrocknete Aprikosen
2 Zweige Thymian
250 g Bulgur
ca. 500 ml Gemüsebrühe (je nach
   Packungsangabe vom Bulgur)
1 EL Olivenöl
1–2 EL Orangensaft
Salz
frisch gemahlener
   schwarzer Pfeffer
1 Prise Chiliflocken
1 Prise Zimt

Für Fleisch und Soße eine Orange heiß abwaschen, trocken tupfen und die Schale fein abreiben. Alle Orangen auspressen. Den Ingwer schälen und sehr fein hacken oder reiben. Die Entenbrüste unter kaltem Wasser abspülen, gründlich trocken tupfen und von etwaigen Silberhäuten befreien. Dann auf der Hautseite rautenförmig einschneiden, sodass das Fleisch unverletzt bleibt. Die Entenbrüste mit Salz und Pfeffer würzen.

Den Backofen auf 140 °C vorheizen. Eine große ofenfeste Pfanne (alternativ einen ofenfesten Topf) ohne Fett erhitzen. Die Entenbrüste zunächst mit der Hautseite nach unten hineinlegen und ein paar Minuten knusprig-braun braten. Dann wenden und maximal 1 Minute auf der Fleischseite braten. Die Pfanne 15–18 Minuten (je nach Dicke des Fleisches) in den heißen Ofen schieben.

Für den Bulgur die Mandeln in einer Pfanne ohne Fett goldbraun rösten, anschließend hacken. Die getrockneten Aprikosen klein würfeln. Den Thymian abbrausen, trocken schütteln und die Blättchen abstreifen. Den Bulgur mit der Gemüsebrühe nach Packungsangabe zubereiten. Anschließend Öl, Orangensaft, Mandeln, Aprikosen und Thymian untermischen und den Bulgur mit Salz, Pfeffer, Chiliflocken und Zimt abschmecken.

Den Zucker mit dem Honig in einem kleinen Topf karamellisieren lassen. Mit Orangensaft ablöschen, aufkochen, Sternanis und Ingwer zugeben und die Flüssigkeit bei niedriger Temperatur reduzieren lassen. Den Orangenabrieb untermischen, dann stückchenweise die kalte Butter einrühren. Mit Salz und Pfeffer abschmecken.

Die Entenbrüste aus dem Ofen nehmen, locker in Alufolie einschlagen und vor dem Anschneiden ca. 5 Minuten ruhen lassen. Den Bulgur auf Teller verteilen, das Fleisch in Scheiben schneiden und auf dem Bulgur anrichten. Mit der Soße beträufeln und mit frisch gemahlenem Pfeffer bestreut servieren.

GNOCCHI MIT KÄSESOSSE

Die kleinen Kartoffelklöße haben in Italien eine lange Tradition und werden je nach Region unterschiedlich zubereitet. Am bekanntesten sind sicher die Gnocchi di patate, die Kartoffelnocken. In Verona ist es noch heute Brauch, am Karnevalsfreitag vor der Basilika San Zeno Maggiore große Mengen Gnocchi di patate an Passanten zu verteilen.

Die Kartoffeln waschen und mit Schale in einem Topf mit kochendem Salzwasser je nach Größe ca. 20 Minuten weich garen. Anschließend abgießen, kurz ausdampfen lassen und noch heiß pellen.

Die Pellkartoffeln durch die Presse drücken und abkühlen lassen. Mit 160 g Mehl, 1 TL Salz, Eigelb und Muskat vermischen und kurz verkneten. Falls der Teig noch zu feucht ist, weiteres Mehl untermischen. Den Gnocchiteig 5 Minuten ruhen lassen, dann auf der bemehlten Arbeitsfläche zu ca. 1,5 cm dicken Rollen formen. Die Rollen in 2 cm lange Stücke schneiden und diese mit den Fingern rund formen. Mit einer Gabel eindrücken und oval formen. Die Gnocchi mit Mehl bestäuben, damit sie nicht zusammenkleben und nebeneinander auf einem Tablett lagern, bis der Teig aufgebraucht ist.

Für die Soße den Bergkäse fein reiben. Rosmarin und Thymian abbrausen, trocken schütteln und die Nadeln bzw. Blättchen abstreifen. Die Rosmarinnadeln fein hacken. Die Butter in einer Pfanne zerlassen. Die Kräuter untermischen, dann den geriebenen Käse und die Milch einrühren und einmal aufkochen. Den Käse bei niedriger bis mittlerer Temperatur in der Milchmischung schmelzen, dabei ständig rühren, bis die Soße leicht eindickt. Mit Salz und Pfeffer würzig abschmecken.

Reichlich Salzwasser in einem Topf erhitzen und zum Sieden bringen (das Wasser sollte nicht kochen!). Die Gnocchi darin wenige Minuten gar ziehen lassen, bis sie an die Oberfläche steigen. Mit einem Schaumlöffel herausheben, abtropfen lassen und auf vier Teller verteilen. Die Soße darübergeben und die Gnocchi mit frisch gemahlenem Pfeffer bestreut servieren.

FÜR 4 (HUNGRIGE) PERSONEN

FÜR DIE GNOCCHI:
750 g mehligkochende Kartoffeln (ungeschält gewogen)
Salz
ca. 180 g Mehl
1 Eigelb
frisch geriebene Muskatnuss

FÜR DIE SOSSE:
200 g Bergkäse am Stück
1 kleiner Zweig Rosmarin
2 Zweige Thymian
40 g Butter
250 ml Milch
Salz
frisch gemahlener schwarzer Pfeffer

AUSSERDEM:
Kartoffelpresse
Mehl für die Arbeitsfläche

DEFTIGER LINSENEINTOPF

—— ❦ ——

Seit einiger Zeit erleben Linsen ein echtes Comeback. Ganz gleich ob als Salat oder Suppe, rot,
schwarz oder gelb, asiatisch oder orientalisch – Linsen sind wahre Alleskönner. An kalten Tagen mögen
wir sie besonders gerne als deftigen Eintopf mit Würstchen oder Mettenden.

FÜR 4 PERSONEN

300 g braune Berglinsen
1 Schalotte
1 Knoblauchzehe
3 Zweige Thymian
2 Möhren
2–3 Kartoffeln
1 große Stange Staudensellerie
½ Stange Lauch
1 EL Butter
1 EL Rapsöl
ca. 1 l Gemüsebrühe
150 g Schwarzwälder Schinken
Salz
frisch gemahlener
    schwarzer Pfeffer
2–3 EL Rotweinessig
1 TL mittelscharfer Senf

AUSSERDEM:

4 Krakauer oder Wiener
Würstchen nach Belieben

Die Berglinsen ggf. nach Packungsangabe in kaltem Wasser
einweichen, anschließend abspülen und gut abtropfen lassen.

Schalotte und Knoblauch schälen und sehr fein würfeln bzw.
hacken. Den Thymian abbrausen und trocken schütteln. Die
Blättchen abstreifen. Möhren und Kartoffeln schälen und klein
würfeln. Den Staudensellerie waschen, putzen und ebenfalls in
kleine Würfel schneiden. Den Lauch längs halbieren, gründlich
waschen und klein schneiden.

Die Butter mit dem Öl in einem Topf erhitzen und Schalotte und
Knoblauch darin glasig dünsten. Dann das übrige vorbereitete
Gemüse zugeben und ca. 5 Minuten mit anschwitzen. Die Linsen
mit dem Thymian zugeben, alles gut verrühren und mit 800–900
ml Gemüsebrühe ablöschen. Aufkochen und bei geringer Hitze
zugedeckt ca. 25 Minuten köcheln lassen, bis die Linsen weich
sind. Falls nötig, noch etwas Brühe zugeben.

Währenddessen den Backofen auf 180 °C Umluft vorheizen und
ein Backblech mit Backpapier auslegen. Den Schinken klein
schneiden und auf dem Blech verteilen, dann ca. 12 Minuten im
Ofen knusprig braten.

Den fertig gegarten Eintopf mit Salz, Pfeffer, Essig und Senf
würzen. Zum Binden 2–3 Kellen abnehmen, pürieren und wieder
untermischen. Wer mag, gibt die Krakauer oder Wiener zu und
lässt sie kurz im Eintopf erwärmen. Den Eintopf auf Teller verteilen und mit den Schinkenstücken bestreut servieren.

WILDBRATEN MIT SPÄTZLE

Für den Braten die Reh- oder Hirschkeule unter kaltem Wasser abspülen, trocken tupfen und ggf. von Silberhäuten und Sehnen befreien. Dann mit Küchengarn in Form binden, sodass eine gleichmäßig dicke Rolle entsteht. Die Kräuter abbrausen, trocken schütteln, Nadeln bzw. Blättchen abzupfen und fein hacken. Die Keule rundum mit Salz, Pfeffer und Kräutern einreiben.

Möhren, Sellerie und Zwiebeln schälen und in 1 cm große Würfel schneiden. Das Öl in einem Bräter oder Schmortopf erhitzen und das Fleisch von allen Seiten bei mittlerer bis hoher Temperatur braun anbraten. Herausnehmen und auf einem Teller beiseitestellen.

Den Backofen auf 190 °C vorheizen. Das Gemüse in dem Bratfett ein paar Minuten anschwitzen und etwas Farbe nehmen lassen. Das Tomatenmark zugeben und kurz mit anrösten. Die Temperatur erhöhen und das Gemüse mit Rotwein ablöschen. Die Gewürze zugeben und die Flüssigkeit reduzieren lassen. Das Fleisch wieder in den Bräter legen und den Wildfond angießen. Das Johannisbeergelee zufügen, mit dem Fond verrühren und die Flüssigkeit einmal aufkochen lassen.

Den Bräter ohne Deckel in den heißen Ofen schieben und die Keule alle 5 Minuten mit dem Wildfond übergießen. Nach ca. 15 Minuten den Deckel auflegen und die Ofentemperatur auf 160 °C reduzieren. Den Braten je nach Dicke 75–90 Minuten schmoren, bis er eine Kerntemperatur von ca. 70 °C erreicht hat. Nach der Hälfte der Garzeit das Fleisch einmal wenden, in den letzten 10–15 Minuten den Deckel abnehmen. Den Braten herausheben, in Alufolie wickeln und mindestens 10 Minuten ruhen lassen.

Die Soße durch ein feines Sieb in einen kleinen Topf passieren, das Gemüse leicht ausdrücken. Die Soße aufkochen und ein paar Minuten reduzieren lassen, 1–2 Kellen Gemüse mit dem Mixstab pürieren und in die Soße rühren, sodass sie leicht eindickt. Ist die Soße noch zu dünn, die Stärke mit 1–2 EL kaltem Wasser mischen und einrühren. Die Soße noch 2 Minuten köcheln lassen, mit Salz und Pfeffer abschmecken.

Die Spätzle in kochendem Salzwasser nach Packungsangabe garen. Das Fleisch in Scheiben schneiden und mit den Spätzle und der Soße anrichten. Sofort servieren.

FÜR 4 PERSONEN

FÜR DEN BRATEN:
1,25 kg Reh- oder Hirschbraten
    aus der Keule (ohne Knochen)
1 Zweig Rosmarin
3 Zweige Thymian
Salz
frisch gemahlener
    schwarzer Pfeffer
2 große Möhren
1/2 kleiner Knollensellerie
2 Zwiebeln
3 EL Rapsöl
1,5 EL Tomatenmark
150 ml trockener Rotwein
4 Wacholderbeeren, angedrückt
3 Pimentkörner
2 Lorbeerblätter
400 ml Wildfond
40 g Johannisbeergelee
1 TL Speisestärke

FÜR DIE SPÄTZLE:
250 g Spätzle
Salz

AUSSERDEM
Küchengarn
Bratenthermometer

MARZIPAN-BRATÄPFEL

Bratäpfel und Vanillesoße – ein unschlagbares Team. Wer seine Vanillesoße gerne selbst zubereiten möchte, kocht das Mark von 1 Vanilleschote und die Schote mit 500 ml Milch auf und verrührt in der Zwischenzeit 100 g Zucker mit 6 Eigelben. Die Schote aus der Milch nehmen und die Milch zur Zucker-Ei-Mischung geben. Den Topfinhalt erhitzen (nicht kochen!) und so lange rühren, bis eine dicke Soße entsteht.

FÜR 4 PERSONEN

3 EL Rum
4 TL Rosinen
4 EL Walnusskerne
80 g Marzipanrohmasse
½ TL Zimt
1 Prise gemahlene Nelken
4 säuerliche Äpfel (z. B. Boskop)
1–2 EL Butter, in Flöckchen
2–3 TL brauner Zucker

AUSSERDEM:
Butter für die Form
Vanillesoße zum Servieren
 nach Belieben

Den Rum in ein kleines Schälchen geben und die Rosinen darin mindestens 1 Stunde einweichen. Die Walnüsse hacken. Die Marzipanrohmasse mit Zimt, Nelken und Walnüssen verkneten und in vier gleich große Portionen teilen.

Den Backofen auf 175 °C vorheizen und eine kleine Auflaufform fetten. Die Äpfel gründlich waschen, trocken tupfen und oben einen schmalen Deckel abschneiden und beiseitelegen. Die Kerngehäuse ausstechen. Dabei aufpassen, dass die Böden der Äpfel unversehrt bleiben, damit die Füllung beim Backen nicht auslaufen kann.

Die Äpfel mit den eingeweichten Rosinen und der Marzipanmischung füllen und in die Auflaufform setzen. Die Butterflöckchen daraufgeben und alles mit braunem Zucker bestreuen. Die Äpfel ca. 20 Minuten im Ofen backen, dann die Deckel obenauf setzen und die Äpfel nochmals 5–8 Minuten in den Ofen geben.

Die fertigen Bratäpfel etwas abkühlen lassen, dann auf Teller verteilen und noch warm nach Belieben mit Vanillesoße servieren.

MILCHREIS MIT BEERENKOMPOTT

Ob als Dessert oder Hauptmahlzeit – eine Schüssel mit warmem Milchreis ist das perfekte Trostfutter für ungemütliche Tage. Eingehüllt in wohlige Kindheitserinnerungen trotzen wir der Kälte.

Für den Milchreis die Milch (genaue Menge je nach Packungsangabe) mit Vanillemark und Salz in einem Topf zum Kochen bringen. Den Milchreis zufügen und bei niedriger bis mittlerer Temperatur unter regelmäßigem Rühren ca. 25 Minuten garen. Zimt und Zucker untermischen.

Für das Kompott den Zucker in einem Topf hellbraun karamellisieren. Mit Orangensaft ablöschen und ca. 3 Minuten köcheln lassen, bis sich der Zucker vollständig gelöst hat. Die Beeren zugeben und ca. 4 Minuten bei mittlerer Temperatur köcheln lassen. Die Stärke mit 2 EL kaltem Wasser glatt rühren, zur Beerenmischung geben und unter Rühren ca. 2 Minuten weiterköcheln, bis das Kompott eindickt. Sollte es noch zu flüssig sein, etwas Saft abgießen. Den Orangenabrieb untermischen und das Kompott nach Belieben mit Zucker süßen.

Den noch warmen Milchreis auf Schälchen oder Dessertteller verteilen und mit einem großzügigen Klecks Kompott servieren.

FÜR 4 PERSONEN

FÜR DEN MILCHREIS:
ca. 500 ml Milch
Mark von 1 Vanilleschote
1 Prise Salz
125 g Milchreis
½ TL Zimt
1–2 EL brauner Zucker

FÜR DAS KOMPOTT:
3 EL Zucker plus nach Belieben
	etwas mehr
3 EL Saft und 1 TL Abrieb von
	½ Bio-Orange
250 g TK-Beeren (oder eine Beeren-
	mischung) nach Wahl, aufgetaut
1 TL Speisestärke

WÜRZIGE TRINKSCHOKOLADE

Schon die Maya und Azteken sprachen dem Kakao eine heilende Wirkung zu. Er galt als Geschenk der Götter an die Menschen. Seinen Namen verdankt der Kakao dem aztekischen Wort Cacahuatl, so wurde die Kakaofrucht bezeichnet. Das Getränk, das die Azteken daraus herstellten, nannten sie Xocoatl. Die Spanier leiteten davon während ihrer Eroberungszüge das Wort Chocolatl ab. Wir verstärken die besondere Wirkung unseres Lieblingsgetränks durch Kardamom, Piment, Zimt und Sternanis. Genau das Richtige nach einem langen Schneespaziergang!

FÜR 4 GROSSE GLÄSER

1 Vanilleschote
1 l Vollmilch
1 Sternanis
1 Stange Zimt
¼ TL gemahlener Kardamom
1 Prise gemahlener Piment
3–4 EL Zucker
100 g Zart- oder Halbitter-
  schokolade
etwas Kakaopulver zum Bestäuben

Die Vanilleschote aufschlitzen und das Mark herauskratzen. 750 ml Milch in einem Topf aufkochen. Die ausgekratzte Vanilleschote, Vanillemark, Sternanis, Zimt, Kardamom, Piment und 3 EL Zucker unterrühren und den Topf vom Herd ziehen. Die Gewürzmilch ca. 20 Minuten ziehen lassen. Anschließend durch ein Sieb abgießen, auffangen, zurück in den Topf geben und erneut erhitzen.

Die Schokolade in Stücke brechen und in der heißen Gewürzmilch unter Rühren schmelzen. Nach Belieben mit Zucker abschmecken. Die übrige Milch erwärmen und mit einem Milchaufschäumer oder Mixstab aufschäumen.

Die Trinkschokolade auf Gläser verteilen, die aufgeschäumte Milch daraufgeben und mit Kakao bestäubt servieren.

Das Märchen vom Schnee

Volksgut

Vor vielen, vielen Jahren hatte der Schnee keine Farbe. Darüber war er sehr unglücklich, und so machte er sich auf, eine Farbe zu suchen. Alsbald kam er auf eine Wiese und bat das Gras um seine grüne Farbe. Aber das Gras lachte den Schnee aus und schickte ihn davon. Da ging der Schnee zum Veilchen und bat es, ihm seine veilchenblaue Farbe zu geben. Aber auch das Veilchen erhörte seine Bitte nicht. So ging der arme Schnee von Blume zu Blume, aber jede schickte ihn weg, keine wollte ihm ihre Farbe geben. Als er schon aufgeben wollte, traf der Schnee das Schneeglöckchen. Dieses hatte Mitleid mit ihm und fragte, wozu er die Farbe denn wolle? „Damit alle mich endlich sehen und vom Regen unterscheiden können," antwortete der Schnee.

Seit dieser Zeit macht der Schnee im Winter alles weiß. Die Blumen aber, die ihn verspotteten und abwiesen, lässt er erfrieren, nur das Schneeglöckchen, das verschont er – bis heute. ❅

CRANBERRY-PUNSCH

Dieses köstliche Heißgetränk ist ein perfekter Begleiter für kalte Winterabende und ein leckerer und dekorativer Hit auf jeder Weihnachtsparty. Wer es lieber ohne Alkohol mag, ersetzt Rotwein und Rum einfach durch Apfelsaft.

Die Orange heiß abwaschen, trocken tupfen und in Scheiben schneiden, die Orangenscheiben je nach Größe nochmals halbieren.

Cranberrysaft, Rotwein, Zucker und Vanillezucker in einen Topf geben. Nelken, Sternanis und Zimt in ein Gewürzsäckchen füllen (wer keins hat, kann die Gewürze auch so in den Topf geben und hinterher wieder herausnehmen), zufügen und alles unter Rühren erhitzen, bis sich der Zucker aufgelöst hat (Achtung, die Flüssigkeit darf nicht kochen!).

Orangenscheiben und Cranberrys zugeben und den Punsch mit geschlossenem Deckel und bei ausgeschalteter Herdplatte 1 Stunde ziehen lassen. Anschließend noch einmal kurz bei niedriger Temperatur erhitzen. Den Topf vom Herd ziehen und die Gewürze entfernen. Dann den Rum zugießen und alles gut verrühren. Den Punsch auf große hitzebeständige Gläser verteilen und heiß servieren.

FÜR 4 PERSONEN

1 Bio-Orange
450 ml Cranberrysaft
350 ml lieblicher Rotwein
75 g brauner Zucker
1 Pck. Bourbon-Vanillezucker
4 Gewürznelken
2 Sternanis
1 Stange Zimt
75 g Cranberrys
80 ml Rum

CHAI-TEE

In Indien ist Chai-Tee so etwas wie das Nationalgetränk. Er ist dort fast überall erhältlich und wird wegen seiner wohltuenden Wirkung auf Körper, Geist und Seele geschätzt. Der schwarze Tee wirkt anregend, Ingwer beruhigt den Magen und Kardamom soll sogar die Lebensfreude steigern. Kein Wunder also, dass Chai-Tee hierzulande zum Trendgetränk avanciert ist.

FÜR 4 PERSONEN

1 kleines Stück Ingwer (1–2 cm)
4 grüne Kardamomkapseln
1 Prise Salz
2 Gewürznelken
1 Stange Zimt
1 Sternanis
4 TL loser schwarzer Tee (z. B.
    Assam; alternativ 3 Teebeutel)
300 ml Vollmilch
2–3 EL brauner Zucker
2 TL Honig

AUSSERDEM:
ca. 250 ml aufgeschäumte Vollmilch
    nach Belieben
gemahlener Zimt zum Bestäuben
    nach Belieben

Den Ingwer schälen und grob hacken, die Kardamomkapseln andrücken.

450 ml Wasser in einen Topf geben und Ingwer, Salz sowie die Gewürze zufügen. Das Wasser aufkochen und ca. 2 Minuten köcheln lassen, dann schwarzen Tee, Milch, Zucker und Honig einrühren. Die Mischung erneut aufkochen und den Topf von der Herdplatte nehmen. Den Tee ca. 5 Minuten mit geschlossenem Deckel ziehen lassen.

Den Chai-Tee durch ein feines Sieb in vier Gläser gießen, Ingwer, Gewürze und losen Tee bzw. Teebeutel entsorgen. Den Chai nach Belieben mit aufgeschäumter Milch bedecken und mit Zimt bestäubt servieren.

Dashing through the snow

LECKEREIEN
ZUM
VERSCHENKEN

PISTAZIEN-RUCOLA-PESTO

Ganz gleich ob auf einem dampfenden Berg Spaghetti oder als Aufstrich auf einem Ciabatta mit Tomate und Mozzarella – dieses Pesto passt immer und ist daher auch das perfekte Geschenk aus der eigenen Küche. Wer keine Pistazien mag, kann diese ganz einfach durch Walnüsse ersetzen.

Pistazienkerne aus der Schale lösen, Pinienkerne in einer Pfanne ohne Fett unter gelegentlichem Wenden goldbraun rösten. Rucola verlesen, dabei die harten Stiele entfernen. Die Blätter waschen und trocken schleudern. Den Knoblauch schälen und grob zerkleinern. Den Pecorino fein reiben.

Pistazien, Pinienkerne, Rucola, Knoblauch, 1 EL Zitronensaft und 75 ml Olivenöl in einen Mixer geben und stückig pürieren, dabei nach und nach mehr Öl zugießen, bis die gewünschte Konsistenz erreicht ist.

Den geriebenen Pecorino untermischen und das Pesto nach Belieben mit Zitronensaft, wenig Salz und Pfeffer abschmecken. In sterilisierte Gläser füllen und bis zur Verwendung kühl lagern.

FÜR CA. 400 G

180 g geröstete gesalzene Pistazien
  (mit Schale gewogen)
40 g Pinienkerne
1 kleines Bund Rucola (ca. 60 g)
1 Knoblauchzehe
50 g Pecorino
1–2 EL Zitronensaft
100–150 ml Olivenöl
Salz
frisch gemahlener
  schwarzer Pfeffer

FEIGEN-ZWIEBEL-CHUTNEY

Chutneys sind fester Bestandteil der indischen Küche und werden meist aus Früchten oder Gemüse hergestellt und mit Zutaten wie Chili, Essig, Pfeffer oder Ingwer gewürzt. Sie passen perfekt zu herzhaften und cremigen Käsesorten, wie zum Beispiel einem Camembert, oder gegrilltem Fleisch.

FÜR 2 KLEINE GLÄSER (À 220 ML)

6 frische reife Feigen
2–3 kleine Zwiebeln
1 Stück Ingwer (ca. 3 cm)
60 g getrocknete Aprikosen
2 EL Rapsöl
1 Sternanis
60 g Zucker
1 TL Honig
150 ml trockener Rotwein
   (alternativ Orangensaft)
1,5 EL Balsamicoessig
Salz
frisch gemahlener
   schwarzer Pfeffer
¼ TL Zimt
1 Prise gemahlener Kardamom

Die Feigen schälen und würfeln. Zwiebeln und Ingwer ebenfalls schälen und würfeln bzw. fein reiben. Die getrockneten Aprikosen klein schneiden.

Das Öl in einem Topf erhitzen. Zwiebeln, Ingwer und Sternanis darin ein paar Minuten anschwitzen. Die Aprikosen zugeben und ca. 2 Minuten mitbraten. Den Zucker mit dem Honig einrühren und hellbraun karamellisieren lassen. Dann die Mischung mit Rotwein und Balsamico ablöschen und alles unter häufigem Rühren bei schwacher bis mittlerer Hitze ca. 12 Minuten einköcheln lassen.

Die Feigenwürfel zufügen und ca. 4 Minuten mitköcheln. Den Sternanis entfernen. Das Chutney mit Salz, Pfeffer, Zimt und Kardamom würzen. In sterilisierte Gläser füllen und verschließen. Kühl gelagert und gut verschlossen ist das Chutney bis zu 2 Wochen haltbar.

WALNUSSBROT MIT THYMIAN

Dieses aromatische Brot eignet sich nicht nur für ein leckeres Frühstück, sondern auch für ein winterliches Abendessen. Dazu einfach einige Brotscheiben im Ofen mit Ziegenkäse und Honig gratinieren und zu Feldsalat mit Granatapfel-Balsamico-Dressing servieren.

Die Walnüsse hacken, den Thymian abbrausen und gründlich trocken tupfen. Die Blättchen abstreifen und ebenfalls hacken.

Beide Mehlsorten in einer Schüssel mit dem Salz vermengen. Die Hefe in 350 ml lauwarmes Wasser bröseln und darin auflösen. Das Hefewasser zum Mehl geben und alles ca. 5 Minuten verkneten. Dann Nüsse, Thymian und Honig zugeben und gründlich unterkneten. Die Schüssel mit Frischhaltefolie abdecken und den Teig ca. 1 Stunde gehen lassen.

Den Teig auf der bemehlten Arbeitsfläche in zwei gleich schwere Portionen teilen. Beide Teighälften mit bemehlten Händen rund wirken. Die Laibe auf ein mit Backpapier ausgelegtes Blech setzen, abdecken und nochmals 30 Minuten gehen lassen.

Ein ofenfestes Schälchen mit Wasser auf den Boden des Backofens stellen und diesen auf 225 °C vorheizen. (Der Wasserdampf sorgt beim Backen für eine schöne Kruste und bewahrt die Oberfläche der Brote vor dem Austrocknen oder zu schnellem Aufreißen.) Das Blech auf die mittlere Schiene schieben und die Brote 10 Minuten backen. Dann das Schälchen mit dem Wasser entfernen und die Temperatur auf 210 °C reduzieren. Die Brote weitere 20–25 Minuten fertig backen. Anschließend auf einem Gitter auskühlen lassen.

FÜR 2 KLEINE BROTE

160 g Walnusskerne
3 Zweige Thymian (alternativ ca. 1,5 TL getrockneter Thymian)
350 g Weizenvollkornmehl
150 g Weizenmehl (Type 550)
1 TL Salz
10 g Frischhefe
1 TL Honig

AUSSERDEM:
Mehl für die Arbeitsfläche

WEIHNACHTSLIKÖR

Likör gehört sicher zu den beliebtesten Geschenken aus der Küche. Da er einige Wochen Ruhezeit braucht, empfiehlt es sich, ihn rechtzeitig anzusetzen. In hübsche Flaschen gefüllt und mit Etiketten versehen ist er ein besonders persönliches Geschenk.

FÜR CA. 1 L

1 Stange Zimt

2 Sternanis

3 Gewürznelken

75 g getrocknete Feigen

75 g getrocknete Datteln

50 g getrocknete Pflaumen

50 g Rosinen

200 g brauner Kandiszucker

700 ml Weinbrand

100 ml Apfelsaft

Die Gewürze in ein großes Glasgefäß (z. B. eine Karaffe mit ca. 1,5 l Fassungsvermögen) geben. Feigen, Datteln und Pflaumen grob klein schneiden. Alle getrockneten Früchte mit dem Kandiszucker zu den Gewürzen geben. Weinbrand und Apfelsaft zugießen, das Gefäß sorgfältig verschließen (entweder mit passendem Deckel oder mit Frischhaltefolie, die zusätzlich durch ein Gummiband fixiert werden sollte) und einmal vorsichtig durchschütteln. Alle Zutaten sollten mit Flüssigkeit bedeckt sein.

Den Likör an einem dunklen, kühlen Ort 3–4 Wochen ruhen lassen. Nach der Ruhezeit den Likör durch ein Sieb abgießen und die Früchte sowie die Gewürze entsorgen. Den Likör anschließend durch ein feines Mulltuch oder einen großen Kaffeefilter abseihen, damit die Trübstoffe entfernt werden. Falls nötig, nach 2 Tagen noch einmal filtern. Dann den Likör in sterilisierte Flaschen abfüllen.

BLACKBERRY CINNAMON CURD

Traditionell isst man Curd zu Scones, er schmeckt aber auch zu Desserts wie Eis oder Cremes oder als Füllung von Tartes. Um zu überprüfen, ob der Curd fertig ist, einen Holzlöffel hineintauchen und pusten. Bildet sich ein wellenförmiges Muster, das an eine Rose erinnert, kann die Creme vom Wasserbad. Beim Auskühlen dickt sie dann noch nach und erreicht eine streichfähige Konsistenz.

Die Brombeeren in einem Topf so lange köcheln lassen, bis sie zerfallen. Dann das Mark durch ein feines Sieb in eine Metallschüssel streichen, die Kerne entsorgen. (Es wird ca. 220 g Brombeermark benötigt.)

Limettensaft, Zucker, Vanillezucker, Zimt und Butter mit dem Brombeermark verrühren. Dann die Eier untermischen. Die Schüssel so auf ein köchelndes Wasserbad setzen, dass der Schüsselboden das Wasser nicht berührt. Die Masse langsam auf ca. 60 °C erhitzen, dabei ständig rühren, bis sie eindickt. Das dauert 20–25 Minuten. Die Creme sollte keinesfalls über 70 °C heiß werden, da die enthaltenen Eier sonst gerinnen könnten. Am besten überprüft man die Temperatur gelegentlich mit einem Küchenthermometer. Sobald die Masse dickcremig ist, die Schüssel vom Wasserbad nehmen.

Die Creme in sterilisierte Gläser füllen. Gut verschlossen hält sie sich im Kühlschrank ca. 2 Wochen. Nach Anbruch sollte sie in wenigen Tagen verbraucht und am besten immer nur mit einem sauberen Löffel entnommen werden.

FÜR CA. 600 ML

ca. 600 g TK-Brombeeren
Saft von 2 Limetten (ca. 70 ml Saft)
150 g Zucker
1 Pck. Bourbon-Vanillezucker
1 TL Zimt
200 g weiche Butter
4 große Eier (Größe L)

Leise rieselt der Schnee

Eduard Ebel

Leise rieselt der Schnee,
Still und starr liegt der See,
Weihnachtlich glänzet der Wald:
Freue Dich, Christkind kommt bald.

In den Herzen ist's warm,
Still schweigt Kummer und Harm,
Sorge des Lebens verhallt:
Freue Dich, Christkind kommt bald.

Bald ist heilige Nacht;
Chor der Engel erwacht;
Horch' nur, wie lieblich es schallt:
Freue Dich, Christkind kommt bald.

GRANATAPFEL-ORANGEN-GELEE

Der Granatapfel galt seit der Antike als Sinnbild für Fruchtbarkeit und Unsterblichkeit und ist eine der ältesten Heilpflanzen der Welt. Das Entkernen gelingt besonders leicht, wenn der Granatapfel halbiert und in einer mit Wasser gefüllten Schüssel geöffnet wird. Durch das Aufbrechen der Schale mit den Händen lassen sich die Kerne leicht lösen und sinken anschließend auf den Boden der Schüssel.

FÜR CA. 750 ML

6–8 reife Granatäpfel
  (je nach Größe)
2 große Orangen
½ Vanilleschote
½ TL Zimt
1 Prise gemahlener Piment
250 g Gelierzucker 3:1

Die Granatäpfel halbieren und den Saft auspressen, es werden ca. 450 ml benötigt. Die Orangen ebenfalls halbieren und entsaften. (Insgesamt sollte die Saftmenge ca. 625 ml betragen, ggf. mit Wasser auffüllen und auch die Packungsangabe des Gelierzuckers beachten!) Die Vanilleschote aufschlitzen und das Mark herauskratzen.

Beide Säfte mit den Gewürzen und dem Gelierzucker in einen Topf geben und verrühren. Ca. 10 Minuten stehen lassen. Anschließend die Mischung aufkochen und mindestens 3 Minuten unter Rühren sprudelnd kochen lassen. Dann die Gelierprobe machen: Wird ein kleiner Tropfen auf einem kalten Teller innerhalb kürzester Zeit fest, ist das Gelee fertig. Andernfalls weitere 1–2 Minuten kochen.

Das Gelee ggf. entschäumen und heiß in sterilisierte Gläser abfüllen, sofort verschließen, abkühlen und am besten über Nacht fest werden lassen.

GEBRANNTE MANDELN MIT INGWER UND ZIMT

Der Duft von gebrannten Mandeln ist untrennbar mit einem Besuch auf dem Weihnachtsmarkt verbunden. Ob eher traditionell weihnachtlich mit Zimt oder mit der Trendknolle Ingwer verfeinert – gebrannte Mandeln sind immer eine gute Geschenkidee und ein wunderbares Mitbringsel.

Für die Ingwer-Mandeln den Ingwer schälen und sehr fein hacken. In einer großen Pfanne Zucker und Vanillezucker mit 40 ml Wasser erhitzen. Die Mandeln mit dem Ingwer zugeben und alles unter häufigem Rühren bei mittlerer Temperatur weiter erhitzen, bis der Zucker anfängt hellbraun zu karamellisieren. Das kann ca. 10 Minuten dauern. Sobald er beginnt, sich als feste Schicht auf den Mandeln abzusetzen, die Pfanne vom Herd ziehen. Die karamellisierten Mandeln nebeneinander auf Backpapier ausbreiten, damit sie nicht zusammenkleben.

Die Zimt-Mandeln genauso zubereiten, statt gehacktem Ingwer gemahlenen Zimt mit in die Pfanne geben.

Die Mandeln komplett auskühlen lassen und in einer luftdicht verschlossenen Dose aufbewahren.

FÜR JE 200 G GEBRANNTE MANDELN

FÜR DIE INGWER-MANDELN:
1 daumengroßes Stück Ingwer
   (geschält gewogen ca. 15 g)
90 g Zucker
1 Pck. Bourbon-Vanillezucker
200 g ganze Mandeln

FÜR DIE ZIMT-MANDELN:
90 g Zucker
1 Pck. Bourbon-Vanillezucker
200 g ganze Mandeln
2 TL Zimt

ESPRESSO-DOPPELDECKER

Nicht nur für Kaffeeliebhaber ein Hochgenuss: Wenn schokoladige Kekse auf verführerische Schoko-Espresso-Creme treffen sind garantiert alle Sorgen vergessen...

FÜR 2 BLECHE

(CA. 24 DOPPELDECKER)

FÜR DEN TEIG:
200 g Mehl
50 g gemahlene Mandeln
2 geh. EL Kakaopulver
1 TL Backpulver
1 Prise Salz
150 g weiche Butter
150 g Zucker
1 Pck. Bourbon-Vanillezucker
2 Eigelb (Größe L)
ca. 80 g gehackte Mandeln

FÜR DIE FÜLLUNG:
150 g Vollmilchschokolade
50 g Halbbitterschokolade
50 ml Sahne
50 ml Vollmilch
2 geh. TL lösliches Espressopulver

AUSSERDEM:
Spritzbeutel mit Lochtülle

Für die Füllung beide Schokoladensorten in Stücke brechen. Sahne und Milch in einen Topf geben und mit dem Espressopulver aufkochen. Den Herd ausschalten, die Schokolade in den Topf geben und unter Rühren schmelzen. Die Espressocreme abkühlen lassen.

Für den Teig Mehl, gemahlene Mandeln, Kakao, Backpulver und Salz vermengen. In einer zweiten Schüssel die Butter mit Zucker und Vanillezucker cremig rühren, die Eigelbe zufügen und untermischen. Dann die Mehlmischung in mehreren Schritten zugeben und unter die Buttermasse rühren. Die gehackten Mandeln auf einen flachen Teller geben.

Den Backofen auf 180 °C vorheizen, zwei Backbleche mit Backpapier auslegen. Aus dem Teig ca. 1,5 cm große Kugeln (etwa so groß wie Weintrauben) rollen und eine Seite in den gehackten Mandeln wälzen. Die Kekshälften mit den gehackten Mandeln nach oben und ausreichend Abstand zueinander auf den Blechen verteilen. Für ca. 15 Minuten in den Ofen schieben. Die Kekse erscheinen dann noch etwas weich, härten aber beim Auskühlen nach.

Die Espressocreme mit dem Handrührgerät schlagen, bis sie etwas heller und cremig-steif wird. In einen Spritzbeutel füllen und auf die Hälfte der vollständig ausgekühlten Kekse spritzen. Die restlichen Kekse daraufsetzen und leicht andrücken.

SELBST GEMACHTE WEIHNACHTSSCHOKOLADE

Schokolade macht glücklich. Kaum eine andere Süßigkeit erfreut sich weltweit so großer Beliebtheit wie Schokolade. Vielfalt und Variantenreichtum von Schokolade sind schier unendlich groß. Der Trend geht mittlerweile jedoch zurück zu weniger süßen Schokoladen mit einem sehr hohen Kakaoanteil, denen oft noch Gewürze (vor allem Chili) beigemischt werden. Selbst gemachte Schokolade ist ein ganz besonderer Genuss, da die Zutatenkombinationen selbst bestimmt werden können.

Den Backofen auf 180 °C vorheizen und ein Backblech mit Backpapier auslegen. Die Walnüsse und Trockenfrüchte getrennt voneinander grob hacken. Den Zucker in ein Schälchen geben und mit 40 ml kochendem Wasser verrühren. Die Walnüsse zugeben und gut mit dem Zuckersirup mischen. Die Nüsse nebeneinander auf dem Blech verteilen und ca. 10 Minuten im heißen Ofen karamellisieren lassen. Dabei zwischendurch einmal wenden. Anschließend auskühlen lassen, ggf. zusammenklebende Nüsse voneinander trennen.

Kuvertüre und Kokosfett klein hacken und in einer Schüssel über dem heißen Wasserbad unter gelegentlichem Rühren schmelzen. Den Zimt untermischen.

Ein kleines Tablett oder eine kleine Backform dünn mit Öl ausstreichen, darauf ein Stück Backpapier platzieren, sodass es weder verrutscht noch Falten schlägt. Die karamellisierten Nüsse und die Trockenfrüchte darauf verteilen. Die flüssige, leicht abgekühlte Kuvertüremischung darübergießen und mit einer Palette ca. 1 cm hoch verstreichen. Das Tablett oder die Form in den Kühlschrank stellen und die Schokolade fest werden lassen. Anschließend in gleichmäßige Stücke brechen und kühl lagern.

FÜR CA. 400 G BRUCHSCHOKOLADE

60 g Walnusskerne
60 g gemischte Trockenfrüchte nach Wahl (z. B. getrocknete Aprikosen, Cranberrys oder Feigen)
25 g Zucker
250 g weiße Kuvertüre
25 g Kokosfett
¼ TL Zimt

AUSSERDEM:
etwas neutrales Pflanzenöl zum Bepinseln

Der Weihnachtsteller

Barbara Pronnet

Als ich zusammen mit meinen gleich aussehenden Kollegen in den bunten Weihnachtsteller gelegt wurde, war mir schnell klar, jetzt heißt es warten und reifen bis zum Fest. Ich roch herrlich nach Butter und Rum und meine Zuckerglasur stand mir besonders gut.

„He!", rief eine dicke Marzipankartoffel neben mir, „mach dich nicht so breit."

„Du musst reden", beschwerte sich eine herrlich aussehende Kokosmakrone rechts von mir, „du machst dich doch breit wie ein fetter Christstollen." Sie lächelte mir freundlich zu und ich strahlte zurück. Was wäre wohl, träumte ich, wenn wir unsere Zutaten zusammenmischten? Es käme bestimmt etwas besonders Süßes heraus. Ich sah mich um. Ein bisschen eng war's schon auf diesem bunten Teller, aber die Farbenpracht und der Geruch waren einmalig. Ich freute mich schon auf den großen Tag. Wenn eine kleine Kinderhand nach mir greifen und mich genussvoll verschlingen würde.

Das ist eben für uns Plätzchen die Krönung. Meine nette Kokosmakrone neben mir war eingeschlafen. Ihr zarter Duft machte mich ganz schwindelig.

„Bist du neu hier?" Ich äugte nach links oben, von wo diese tiefe Stimme kam, und schaute auf den wohl bestgelungensten Gewürzlebkuchen aller Zeiten. Er trotzte nur so vor Korinthen, Rosinen und Schokostückchen.

„Ja, ich bin noch ganz warm", sagte ich.

„Du siehst sehr appetitlich aus, so rund und saftig", lobte er mich.

„Danke, aber nichts gegen dich. Du bist fantastisch." Der Lebkuchen räkelte sich richtig unter meinem Kompliment. "Stimmt, ich bin wirklich gut gelungen.

Die Hausherrin probierte ein neues Rezept. Sie hat sich sehr viel Mühe gegeben."

„Ach Papperlapapp", schimpfte die dicke Marzipankartoffel aufs Neue.

„Ihr mit eurem Geschwätz. Spätestens bis zum 2. Weihnachtsfeiertag werdet ihr einfach in volle Bäuche gestopft und keiner wird sich mehr an euer Aussehen erinnern oder an euren Geruch. Ihr seid eingebildete Narren."

„Vielleicht hast du recht", pflichtete ich ihr bei, „aber unsere Aufgabe ist es nun mal gut auszusehen und zu schmecken."

„Wenn du so weiter meckerst", lachte ein Butterplätzchen schräg oben von uns, „wird dich keiner mehr vernaschen, weil du nämlich bis dahin sauer geworden bist." Wir lachten alle schallend und die Marzipankartoffel wurde ganz dunkelbraun vor Wut. Meine süße Kokosmakrone war aufgewacht und hatte uns eine Weile wortlos zugehört.

„Versteht ihr denn den Sinn dieses Festes überhaupt nicht? Es geht doch nicht darum, wer am besten gelungen ist, die schönste Farbe hat und am leckersten schmeckt. Oder wer den besten Platz im runden Teller hat. Wichtig ist nur, dass wir alle, wie wir hier liegen, Freude bereiten und dazu beitragen, dass es ein gelungenes und frohes Fest wird. Und wenn wir uns bis dahin alle vertragen, werden sich unsere Aromen vermischen und wir alle werden unvergesslich schmecken."

Es wurde sehr still im buntgemischten Weihnachtsteller. Die Marzipankartoffel rutschte noch ein bisschen weiter nach unten, aber sie sagte nichts mehr. Die anderen nickten zustimmend. Ich schaute stolz auf meine kleine Kokosmakrone, denn was sie gerade sagte, ist das beste Rezept, was je geschrieben wurde. ❄

WEIHNACHTS-GEBÄCK

MINI-CARROT-CAKES MIT NUSS-HAFER-CRUMBLE

♠

Ob zum Tee, als Dessert oder als Betthupferl – diese kleinen Küchlein schmecken beinahe zu jeder Tages- und Nachtzeit. Das besondere Geschmackserlebnis besteht in der Kombination aus saftigen Muffins und knusprigem Crumble.

FÜR 12 MUFFINS

FÜR DEN TEIG:

3 Eier
1 Prise Salz
2–3 große Möhren
100 g gemahlene Haselnüsse
100 g gemahlene Mandeln
80 g brauner Zucker
1 Pck. Bourbon-Vanillezucker
1 geh. EL Mehl
¾ Pck. Backpulver (12 g)
½ TL Zimt
1 Prise gemahlener Kardamom
Abrieb von ½ Bio-Zitrone

FÜR DAS TOPPING:

400 ml Sahne
2 Pck. Bourbon-Vanillezucker

FÜR DEN NUSS-HAFER-CRUMBLE:

60 g gemischte Nusskerne
40 g zarte Haferflocken
1 EL Kokosöl (alternativ Rapsöl)
2,5 EL Ahornsirup (alternativ Honig)

AUSSERDEM:

Spritzbeutel mit Lochtülle
Muffinblech mit 12 Mulden
Papier-Muffinförmchen

Den Backofen auf 180 °C vorheizen, ein Backblech mit Backpapier auslegen. Für den Nuss-Hafer-Crumble die Nüsse fein hacken und in einer Schüssel mit den Haferflocken vermengen. Das Kokosöl in einem kleinen Topf zerlassen und den Ahornsirup einrühren. Den Topfinhalt zur Nussmischung geben und alles, am besten mit den Händen, gründlich vermengen, sodass die Mischung leicht zusammenklumpt. Auf dem Backblech verteilen und 15–18 Minuten unter zweimaligem Wenden im Ofen goldbraun rösten. In einer Schüssel abkühlen lassen.

Den Ofen eingeschaltet lassen und das Muffinblech mit Papierförmchen auslegen. Für den Teig die Eier trennen, die Eiweiße mit dem Salz steif schlagen. Die Möhren putzen, schälen und fein raspeln. 200 g Möhrenraspel abwiegen und mit Eigelben, Haselnüssen, Mandeln, Zucker, Vanillezucker, Mehl, Backpulver, Zimt, Kardamom und Zitronenabrieb in einer Schüssel verrühren. Den Eischnee langsam und behutsam unterheben. Den Teig gleichmäßig zu drei Vierteln in die Mulden füllen und 20–25 Minuten im Ofen backen, Stäbchenprobe machen! Anschließend die Muffins aus den Mulden nehmen und vollständig auskühlen lassen.

Für das Topping die Sahne steif schlagen, dabei den Vanillezucker einrieseln lassen. Die Sahne in einen Spritzbeutel füllen und auf die ausgekühlten Muffins spritzen. Mit Nuss-Hafer-Crumble bestreut servieren.

SAFTIGER ROTE-BETE-SCHOKOKUCHEN

♣

Schokolade und Rote Bete – geht das überhaupt? Und wie das geht! Denn die Rote Bete verleiht dem Schokoladenkuchen eine herrlich-saftige Konsistenz und hat auch dem Red Velvet Cake zu seiner Berühmtheit verholfen. So kann man ihn zum Adventskaffee mit etwas frischer Schlagsahne oder ganz pur genießen!

Den Backofen auf 175 °C vorheizen. Die Kastenform fetten und mit Mehl ausstäuben, überschüssiges Mehl herausklopfen.

Für den Kuchen Mehl, Zucker, Kakao, Backpulver, Salz und Zimt vermengen. Die Rote Bete grob zerkleinern und in eine hohe Schüssel geben. Das Öl zugießen und die Bete mit dem Mixstab fein pürieren. Dann die Eier einzeln unterrühren. Die Mehlmischung in drei bis vier Schritten zügig untermischen, bis ein homogener Teig entstanden ist.

Den Teig in die Form füllen und glatt streichen. Nach 15 Minuten Backzeit den Kuchen mit einem scharfen Messer längs einschneiden. Den Kuchen ca. 65 Minuten backen, Stäbchenprobe machen!

Die Form aus dem Ofen nehmen und den Kuchen abkühlen lassen. Anschließend aus der Form lösen und komplett auskühlen lassen. Den Ofen auf 180 °C Umluft einstellen, ein Backblech mit Backpapier auslegen.

Für das Topping die Kuvertüre über dem heißen Wasserbad unter Rühren schmelzen. Die Pekannüsse hacken. Den Zucker in eine Schüssel geben und mit 2 EL kochendem Wasser verrühren. Die gehackten Nüsse untermengen, dann nebeneinander auf dem Blech verteilen und ca. 10 Minuten unter einmaligem Wenden im Ofen goldbraun rösten. Den Schokoguss gleichmäßig auf dem Kuchen verteilen, dabei auch die Seiten einstreichen. Die gerösteten Nüsse darüberstreuen. Den Guss trocknen lassen, dann den Kuchen in Stücke schneiden und genießen.

FÜR 1 KASTENFORM (25 CM)

FÜR DEN KUCHEN:
200 g Mehl
200 g Zucker
75 g Kakaopulver
2 TL Backpulver
1 Prise Salz
1 kräftige Prise Zimt
250 g vorgegarte Rote Bete
200 ml neutrales Pflanzenöl (z. B. Sonnenblumen- oder Rapsöl)
4 Eier

FÜR DAS TOPPING:
150 g Vollmilchkuvertüre
80 g Pekannüsse (oder gemischte Nusskerne nach Wahl)
2 TL Zucker

AUSSERDEM:
Butter und Mehl für die Form

APFEL-FILO-TARTE MIT PEKANNÜSSEN

♦

FÜR 1 SPRINGFORM (Ø 20 CM)

75 g Butter
200 g Pekannüsse
100 g brauner Zucker
2 Pck. Bourbon-Vanillezucker
1 EL Zimt
1 Prise gemahlener Kardamom
2 kleine rote Äpfel
1–2 TL Zitronensaft
8 Blätter Filoteig (30 x 31 cm)
2 EL gemahlene Mandeln
100 g Crème fraîche
1–2 TL Honig

AUSSERDEM:
etwas brauner Zucker und Zimt
   zum Bestreuen
Vanilleeis zum Servieren

Den Backofen auf 180 °C vorheizen. Die Butter in einem Topf bei niedriger Temperatur schmelzen. Die Pekannüsse fein hacken. Mit Zucker, Vanillezucker, Zimt und Kardamom mischen. Die Äpfel waschen und trocken reiben. 1 Apfel schälen und ohne Kerngehäuse in sehr feine Würfel schneiden. Mit Zitronensaft mischen, dann mit den Nüssen vermengen.

Die Springform mit 1–2 TL zerlassener Butter einpinseln. Vier Filoteigblätter auf der Arbeitsfläche auslegen und ebenfalls mit Butter bepinseln. Die restlichen Teigblätter darauflegen. Dann die Springform mit einer Schicht Filoteig (bestehend aus zwei übereinanderliegenden Teigblättern) auskleiden, den Teig am Boden und an den Rändern vorsichtig andrücken. Überschüssigen Teig auf Höhe des oberen Springformrandes abschneiden. Den Boden gleichmäßig mit gemahlenen Mandeln bestreuen. Darauf eine dünne Schicht Pekannuss-Apfel-Mischung verteilen und wieder eine Teigschicht darübergeben, am Rand andrücken. Mit zerlassener Butter bepinseln und überlappenden Teig am oberen Rand abschneiden. Darauf eine zweite Schicht Nussmischung verteilen und wieder auf dieselbe Weise zwei Teigblätter einschichten. Darauf die restlichen Nüsse verteilen. Aus den übrigen zwei zusammenklebenden Teigblättern einen Kreis mit ca. 20 cm Durchmesser ausschneiden und auf die Nüsse legen.

Den ungeschälten Apfel vierteln, vom Kerngehäuse befreien und in hauchdünne Scheiben schneiden. Crème fraîche mit Honig verrühren und die oberste Teigschicht damit bestreichen. Darauf fächerförmig die Apfelscheiben legen. Gleichmäßig etwas braunen Zucker und Zimt darüberstreuen. Den überstehenden Teigrand leicht über die äußersten Apfelscheiben klappen und mit der restlichen zerlassenen Butter bepinseln.

Die Tarte 40–45 Minuten im Ofen goldbraun backen. Sollte sie zu dunkel werden, in den letzten Minuten locker mit Alufolie abdecken. Die Tarte herausnehmen und lauwarm abkühlen lassen. Mit Vanilleeis servieren.

QUARKSTOLLEN MIT MOHN UND MARZIPAN

🎄

Für alle, die in der Weihnachtszeit nur wenig Zeit zum Backen haben und dennoch nicht auf das klassische Gebäck verzichten möchten, ist der Quarkstollen eine leichte und leckere Alternative zum Hefestollen.

Für die Füllung die Butter schmelzen. Mohn, Zucker, Mandeln, Zimt und Zitronenabrieb in einer Schüssel mischen. Ei, Milch, Amaretto und die zerlassene Butter zugeben, alles gut verrühren und den Mohn quellen lassen.

Den Backofen auf 190 °C vorheizen, ein Backblech mit Backpapier auslegen. Für den Teig Mehl, Zucker, Vanillezucker, Backpulver und Salz mischen. Quark, Butter und Eier zufügen und alles zu einem glatten Teig verkneten. Den Teig auf der bemehlten Arbeitsfläche zu einem 1 cm dicken Rechteck (ca. 25 x 35 cm) ausrollen und die Mohnfüllung darauf verstreichen. Einen 2 cm breiten Rand aussparen. Die Marzipanrohmasse darüberreiben und die Füllung mit Mandelstiften bestreuen.

Die beiden kürzeren Seiten des Rechtecks ca. 2 cm über die Füllung schlagen. Den Teig von einer der beiden langen Seiten zu ca. einem Drittel aufrollen, dann die andere lange Seite aufrollen und etwas über die kleinere Rolle legen, sodass die typische Stollenform entsteht. Den Stollen auf das Blech legen und ca. 10 Minuten backen. Dann die Temperatur auf 170 °C reduzieren und den Stollen weitere 35–40 Minuten fertig backen. Sollte er gegen Ende der Backzeit zu dunkel werden, in den letzten Minuten mit Alufolie abdecken.

Den Stollen aus dem Ofen holen und noch heiß mit der zerlassenen Butter bepinseln, dann dick mit Puderzucker bestäuben und auskühlen lassen.

FÜR 1 GROSSEN STOLLEN

FÜR DIE FÜLLUNG:
50 g Butter
200 g gemahlener Mohn
80 g Zucker
75 g gemahlene Mandeln
½ TL Zimt
Abrieb von ½ Bio-Zitrone
1 Ei (Größe L)
50 ml Milch
1 EL Amaretto
80 g Marzipanrohmasse
30 g Mandelstifte

FÜR DEN TEIG:
350 g Mehl
100 g Zucker
1 Pck. Bourbon-Vanillezucker
¾ Pck. Backpulver (ca. 12 g)
1 Prise Salz
175 g Magerquark
100 g weiche Butter
2 Eier (Größe L)

AUSSERDEM:
Mehl für die Arbeitsfläche
75 g zerlassene Butter
reichlich Puderzucker
zum Bestäuben

Eisblumen

Sophie Reinheimer

nun war draußen nirgendwo mehr eine bunte Blume zu sehen, die Beete im Garten waren mit Tannenzweigen zugedeckt, die Rosenstöcke hatten eine warme Strohkapuze über den Kopf bekommen, und auch die Blumenstöcke vorm Fenster waren verwelkt und man hatte sie fortgenommen.

„Schade", sagte das Sofa, das so recht behaglich hinter dem großen Esstisch in der Stube stand und gerade auf das Fenster sehen konnte. „Es war so hübsch, wenn die Blumen uns zunickten und uns erzählten, was draußen auf der Straße vor sich ging." Die anderen Möbel fanden das auch. Der Tisch meinte zwar, man solle nicht klagen, denn jetzt fange die gemütliche Zeit für die Stube eigentlich erst an! Im Sommer liefen die Menschen alle fort – hinaus in Garten, Wald und Feld. Im Winter aber blieben sie hübsch in der Stube zusammen, erzählten sich was oder lasen sich was vor, und so hörten sie – die Möbel – doch eigentlich noch mehr als von den Blumen.

Das war wahr. Aber – schöner hatte die Stube doch mit den Blumen ausgesehen, das war ganz sicher. Nun hört, was ein paar Wochen später eines Morgens den Möbeln für eine große Überraschung aufblühte.

Es war bitterkalt draußen und auch in der Stube war es in der Nacht so kalt geworden, dass die Möbel die Betten in der Schlafstube beneideten, die sich so schön mit warmen Federkissen zudecken durften. Da – als der Schrank eben aus dem Schlaf erwachte, tat er vor Verwunderung einen lauten Knacks.

Die anderen Möbel wachten alle davon auf, und was sahen sie? Das ganze Fenster war von oben bis unten mit einer schneeweißen, glitzernden Eiskruste bedeckt. Es war kein gewöhnliches, glattes Eis. Ganz sonderbare Gebilde waren darauf zu sehen – wie Blumen, Blätter, Stiele, aber alles ganz durcheinander und manchmal schwer zu erkennen.

„Was ist das nur?", fragte ganz leise das Sofa. Es war ganz benommen von der weißen Glitzerherrlichkeit. „Ist der Glaser vielleicht heute Nacht da gewesen und hat heimlich andere Scheiben eingesetzt?"

„Vielleicht ist's hier so ähnlich wie im Häuschen der Hänsel-und-Gretel-Hexe", meinte der Spiegelschrank. „Die Hexe, die in mir steht, wird die Scheiben in Zucker verwandelt haben."

Bei dem Wort „Zucker" machte die kleine schwarze Fliege, die auch mit in der Stube wohnte, sich schleunigst auf den Weg. Aber ganz enttäuscht kam sie bald zurückgeflogen. „Nein, es ist kein Zucker", sagte sie.

„Es schmeckt auch nicht ein bisschen süß! Aber so rau ist's wie Zucker, das ist wahr."

„Ich glaube, dass es Blumen sind", sagte das Gießkännchen. Das Ofenrohr, das immer gleich ein bisschen oben hinaus war, sagte zwar: „Ach, schwätzen Sie doch kein Blech!" Aber alle anderen in der Stube gaben dem kleinen Gießkännchen Recht.

Ja, wer hatte diese seltsamen schneeweißen Blumen aber nur so in aller Herrgottsfrühe ans Fenster gezaubert? Die Möbel hätten es gar zu gerne gewusst! Aber das Fenster – das einzige, das doch darüber hätte Auskunft geben können – das war ganz starr und stumm, man wusste nicht, war es das vor lauter Entzücken oder hatte es jemand mit den weißen Blumen gleich mitverzaubert?

Horch – da klang plötzlich von der Straße her ein Lied:

> Der Winter hat heut über Nacht
> viele Blumen mitgebracht.
> Eisblumen sind's, Eisblumen sind's –
> habt ihr's euch nicht gedacht?

❅

GEWÜRZKUCHEN MIT BIRNEN

FÜR 1 SPRINGFORM (Ø 24 CM)

FÜR DEN TEIG:
200 g Mehl
30 g gemahlene Haselnüsse
½ TL Zimt
je ¼ TL gemahlener Kardamom,
Ingwer und Piment
1 Prise Salz
70 g Zucker
125 g kalte Butter, in Stücken
1 Eigelb (Größe L)

FÜR DIE FÜLLUNG:
180 g weiche Butter
170 g feiner Zucker
1 Pck. Bourbon-Vanillezucker
2 Eier (Größe L)
40 g Mehl
½ TL Backpulver
170 g gemahlene Haselnüsse
60 g Zartbitterschokolade
2–3 kleine reife Birnen

AUSSERDEM:
Butter und Mehl für die Form
Mehl für die Arbeitsfläche
60 g Puderzucker
1 Prise Zimt
2 EL Milch

Die Springform fetten und mit Mehl ausstäuben, überschüssiges Mehl herausklopfen.

Für den Teig Mehl, Nüsse, Gewürze, Salz und Zucker vermengen. Die Butter zugeben und mit der Mehlmischung krümelig reiben. Das Eigelb mit 2 EL kaltem Wasser verrühren und zufügen, alles zu einem glatten Teig verkneten. Ca. ein Drittel des Teiges abnehmen. Den Rest auf der bemehlten Arbeitsfläche zu einem 4 mm dünnen Kreis ausrollen und die Springform damit auskleiden. Den übrigen Teig zu einer Rolle formen, außen um den Boden herumlegen und daraus einen 3–4 cm hohen, gleichmäßigen Rand formen; oben gerade abschneiden. Den Boden mehrfach mit einer Gabel einstechen und 30 Minuten kalt stellen.

Den Backofen auf 200 °C vorheizen. Den Teigboden mit Backpapier belegen, mit getrockneten Hülsenfrüchten beschweren und ca. 16 Minuten blindbacken. Papier und Hülsenfrüchte entfernen, die Form wieder in den Ofen stellen und den Teig weitere 6 Minuten goldbraun backen. Herausnehmen und die Ofentemperatur auf 175 °C reduzieren.

Für die Füllung Butter, Zucker und Vanillezucker cremig schlagen. Die Eier nacheinander unterrühren. Mehl, Backpulver und Nüsse vermengen und unter die Füllung mischen. Die Schokolade hacken, schmelzen und den Teigboden damit bestreichen. Die Birnen schälen, vierteln, vom Kerngehäuse befreien und in Spalten schneiden. Die Birnenspalten auf dem Schokoladenboden verteilen, die Butter-Ei-Nuss-Mischung daraufgeben und glatt streichen.

Den Kuchen ca. 60 Minuten fertig backen, Stäbchenprobe machen! Ist er in der Mitte noch zu feucht, weitere 10 Minuten backen. Falls er zu stark bräunt, gegen Ende der Backzeit mit Alufolie abdecken. Herausnehmen und abkühlen lassen, anschließend aus der Form lösen.

Für die Glasur Puderzucker und Zimt in einer kleinen Schüssel mischen und mit der Milch verrühren. Den vollständig ausgekühlten Kuchen damit bestreichen.

PFLAUMEN-VANILLE-TARTELETTES

♠

Der knusprige Mürbeteigboden und die cremige Vanillefüllung machen sich bereit für den großen Auftritt auf der weihnachtlichen Kaffeetafel. Die leicht säuerliche Note der Pflaumen macht die Tartelettes zu einem echten Leckerbissen.

Für den Teig alle Zutaten in einer Schüssel mischen und zu einem geschmeidigen, weichen Teig verkneten. Zu einer Kugel formen, in Frischhaltefolie wickeln und 1 Stunde kalt stellen.

Den Backofen auf 190 °C vorheizen. Die Tartelettesförmchen sorgfältig fetten und mit Mehl ausstäuben, überschüssiges Mehl wieder herausklopfen. Den Teig auf der bemehlten Arbeitsfläche 3–4 mm dünn ausrollen und die Förmchen damit auskleiden. Die Ränder gut andrücken und die Böden mehrfach mit einer Gabel einstechen. Die Tartelettes ca. 15 Minuten im Ofen goldbraun backen. Anschließend auskühlen lassen und vorsichtig aus den Förmchen lösen.

Für die Füllung die Pflaumen waschen, halbieren, entsteinen und in dünne Spalten schneiden. Die Pinienkerne in einer Pfanne ohne Fett goldbraun rösten. Den Rosmarin abbrausen, trocken schütteln, die Nadeln abzupfen und fein hacken. Die Schokolade in Stücke brechen. Mascarpone, Sahne und Vanillemark in einem kleinen Topf unter Rühren aufkochen. Den Herd ausschalten und die Schokolade in der Mascarponemischung unter Rühren schmelzen. Die Hälfte des gehackten Rosmarins untermischen. Die Creme etwas abkühlen lassen, dann bis kurz unter den Rand in die Tartelettes füllen, die Pflaumenspalten darauflegen und alles mit dem übrigen Rosmarin und den Pinienkernen bestreuen.

Die Tartelettes ca. 2 Stunden kalt stellen, bis die Creme etwas fester geworden ist. Mit Puderzucker bestäubt servieren.

FÜR DEN TEIG:
100 g Mehl
40 g gemahlene Mandeln
60 g weiche Butter
40 g Mascarpone
1 EL Zucker
1 Pck. Bourbon-Vanillezucker
1 Prise Salz

FÜR DIE FÜLLUNG:
ca. 3 große Pflaumen
30 g Pinienkerne
1 großer Zweig Rosmarin
150 g weiße Schokolade
150 g Mascarpone
50 ml Sahne
Mark von 1 Vanilleschote

AUSSERDEM:
Butter und Mehl für die Förmchen
Mehl für die Arbeitsfläche
Puderzucker zum Bestäuben

LINZER STERNEN-TORTE

♣

Die Linzer Torte ist eine Kuchenspezialität aus Österreich, die besonders gern zu Feiertagen zubereitet wird. Das älteste überlieferte Rezept dieser Kuchenspezialität stammt bereits aus dem 17. Jahrhundert!

FÜR 1 FLACHE TARTEFORM MIT HERAUSNEHMBAREM BODEN ODER 1 SPRINGFORM (∅ 24 CM)

120 g Weizenmehl
50 g Weizenvollkornmehl
110 g Zucker
1 Pck. Bourbon-Vanillezucker
100 g gemahlene Haselnüsse
50 g gemahlene blanchierte
  Mandeln
1 gestr. TL Zimt
1 Msp. gemahlene Nelken
1 Prise gemahlener Kardamom
Abrieb von ½ Bio-Zitrone
150 g kalte Butter, in Stücken
1 Ei
200 g Johannisbeerkonfitüre
  (alternativ Himbeerkonfitüre
  ohne Kerne)

AUSSERDEM:
Butter und Mehl für die Form
Mehl für die Arbeitsfläche
1 Eigelb zum Bestreichen
Puderzucker zum Bestäuben
  nach Belieben

Beide Mehlsorten, Zucker, Vanillezucker, Haselnüsse, Mandeln, Zimt, Nelken, Kardamom und Zitronenabrieb mischen. Die Butter zugeben und zügig mit der Mehlmischung krümelig reiben. Dann das Ei zufügen und alles zu einem glatten Teig verkneten. Den Teig zu einer Kugel formen, in Frischhaltefolie wickeln und 45 Minuten kalt stellen.

Den Backofen auf 180 °C vorheizen. Die Backform fetten und mit Mehl ausstäuben, überschüssiges Mehl herausklopfen. Ca. 240 g Teig abnehmen, den Rest auf der bemehlten Arbeitsfläche zu einem 4 mm dünnen Kreis (∅ ca. 25 cm) ausrollen und die Form damit auskleiden. Dabei einen gleichmäßigen 1–1,5 cm hohen Rand formen und diesen oben gerade abschneiden. Die Konfitüre gleichmäßig auf dem Boden verstreichen.

Den restlichen Teig ebenfalls 4 mm dünn auf der bemehlten Arbeitsfläche ausrollen und kleine Sterne ausstechen. Die Sterne und den Tortenrand mit verquirltem Eigelb bepinseln und gleichmäßig auf der Konfitüre verteilen.

Die Linzer Sternen-Torte ca. 40 Minuten im Ofen backen. Anschließend herausnehmen und vollständig auskühlen lassen. Nach Belieben mit Puderzucker bestäubt servieren.

WEIHNACHTLICHER CHEESECAKE MIT SPEKULATIUS

♠

Den Backofen auf 180 °C vorheizen. Eine kleine Springform sorgfältig mit Backpapier auslegen und den Rand fetten.

Für den Boden die Butter in einem kleinen Topf zerlassen. Spekulatius in einen Zip-Beutel geben, mit dem Nudelholz sehr fein zerstoßen, sodass keine größeren Brösel mehr zu sehen sind, und anschließend gut mit zerlassener Butter, Zucker, Ingwer und Salz vermengen. Die Keksmischung gleichmäßig und fest auf dem Boden der Form andrücken und 8–10 Minuten im Ofen vorbacken, dann auskühlen lassen. Die Ofentemperatur auf 160 °C reduzieren.

Für die Füllung Frischkäse und Quark zu einer glatten Creme verrühren. Zucker, Vanillezucker und gesiebte Stärke untermischen. Zitronensaft und -abrieb einrühren und zum Schluss Sahne, Ei und Eigelb zügig untermischen, bis alles gut vermengt ist. Nicht zu lange rühren, damit sich beim Backen keine Bläschen bilden. Die Füllung gleichmäßig auf dem Boden verteilen und glatt streichen.

Den Cheesecake ca. 45 Minuten backen (währenddessen und auch kurz nach dem Backen nicht herausnehmen, an der Form rütteln oder die Ofentür öffnen, damit die Oberfläche nicht reißt). Nach 45 Minuten Backzeit den Ofen ausschalten und den Cheesecake zunächst bei geschlossener Tür ca. 30 Minuten, dann bei leicht geöffneter Tür weitere 1,5 Stunden abkühlen lassen. Anschließend herausnehmen, komplett auskühlen lassen und mindestens 6 Stunden in den Kühlschrank stellen.

Vor dem Servieren vorsichtig mit einem spitzen Messer am Rand entlangfahren, den Cheesecake aus der Form lösen und auf einen Kuchenteller setzen. Wer ihn nicht pur, sondern mit Topping genießen möchte, verrührt den Schmand mit Puderzucker und verstreicht ihn auf dem Cheesecake. Zimt und Kakao mischen und gleichmäßig darüberstäuben.

FÜR 1 KLEINE SPRINGFORM (Ø 20 CM)

FÜR DEN BODEN:
50 g Butter
120 g Spekulatius
1 TL brauner Zucker
¼ TL gemahlener Ingwer
1 kräftige Prise Salz

FÜR DIE FÜLLUNG:
350 g Doppelrahm-Frischkäse
150 g Magerquark
125 g feiner Zucker
1 Pck. Bourbon-Vanillezucker
2 EL Speisestärke
1 EL Saft und 1 TL Abrieb von 1 Bio-Zitrone
125 ml Sahne
1 Ei
1 Eigelb

AUSSERDEM:
Butter für die Form
75–100 g Schmand
1 geh. TL Puderzucker
½ TL Zimt
½ TL Kakaopulver

★

FESTLICHE
MENÜS

O Holy Night

APFEL-SELLERIE-SUPPE MIT ZIMT-CROÛTONS

★

Wer lieber ein herzhaftes Topping mag, kann diese köstliche Suppe auch mit knusprigem Bacon servieren. Dazu einfach den Speck in einer Pfanne auslassen und auf einem Küchenpapier entfetten. Den abgekühlten Bacon anschließend über die Suppe bröseln.

FÜR 4–6 PERSONEN

FÜR DIE SUPPE:

2 Schalotten

1 kleine Stange Staudensellerie
   mit Blattgrün

1 großer Knollensellerie
   (ca. 500 g, geschält gewogen)

2 kleine Äpfel

1 EL Butter

1 EL Rapsöl

Zucker

150 ml Apfelsaft

ca. 800 ml Gemüse- oder
   Hühnerbrühe

200 ml Sahne

¼ TL Zimt

Salz

frisch gemahlener
   schwarzer Pfeffer

frisch geriebene Muskatnuss

FÜR DIE CROÛTONS:

4 Scheiben Weißbrot

2 EL Butter

1 TL Zimt plus etwas
   zum Bestäuben

Für die Suppe die Schalotten schälen und fein würfeln. Den Staudensellerie putzen und ebenfalls fein würfeln. Die Blätter abzupfen, waschen, trocken tupfen und beiseitelegen. Knollensellerie und Äpfel schälen. Den Sellerie grob würfeln, die Äpfel vom Kerngehäuse befreien und ebenfalls in grobe Würfel schneiden.

Butter und Öl in einem Topf erhitzen, die Schalotten darin mit dem Staudensellerie glasig dünsten. Die Äpfel zugeben und kurz anschwitzen, dann 1 TL Zucker darüberstreuen und leicht karamellisieren lassen. Den Knollensellerie zufügen und alles mit Apfelsaft ablöschen. Die Flüssigkeit reduzieren lassen, dann die Brühe zugießen, aufkochen und ca. 20 Minuten köcheln lassen, bis der Sellerie weich ist.

Währenddessen für die Croûtons das Weißbrot entrinden und in 1 cm große Würfel schneiden. Die Butter in einer Pfanne aufschäumen, den Zimt einrühren und das Brot darin unter häufigem Wenden ca. 10 Minuten goldbraun und knusprig rösten.

Die Suppe mit einem Mixstab fein pürieren, dann die Sahne zufügen und alles mit Zimt, Salz, Pfeffer, Muskat und Zucker abschmecken. Sollte die Suppe zu dickflüssig sein, noch etwas Brühe unterrühren. Die Suppe auf Teller verteilen und mit den Zimt-Croûtons und Sellerieblättern garniert servieren. Nach Belieben zusätzlich mit Zimt bestäuben.

ERBSENSCHAUMSÜPPCHEN MIT JAKOBSMUSCHELN

★

Zusammen mit dem cremigen Pilzrisotto von Seite 148 und der Lebkuchenmousse von Seite 162 bildet dieses feine Süppchen ein perfektes Menü für den Heiligen Abend.

Für die Suppe die Zwiebel schälen und fein würfeln. Die Butter mit dem Öl in einem Topf erhitzen und die Zwiebel darin glasig dünsten. Die Erbsen zugeben und ein paar Minuten anschwitzen, dann mit Wermut ablöschen und die Flüssigkeit komplett reduzieren lassen. So viel Hühnerbrühe zugießen, dass die Erbsen gut bedeckt sind, alles aufkochen und ca. 15 Minuten offen köcheln lassen.

Währenddessen den Backofen auf 180 °C Umluft vorheizen und ein Backblech mit Backpapier auslegen. Den Schinken klein schneiden und auf dem Blech verteilen. Ca. 10 Minuten im Ofen knusprig braten.

Die Suppe mit einem Mixstab fein pürieren, falls nötig, noch weitere Brühe zugeben. Die Sahne zufügen, dann alles kräftig mit Salz, Pfeffer und Muskat würzen. Die Suppe durch ein feines Sieb passieren, um die Erbsenschalen zu entfernen.

Die Jakobsmuscheln kurz unter kaltem Wasser abspülen und gründlich trocken tupfen. Auf beiden Seiten mit etwas Mehl bestäuben und salzen. Das Öl in einer Pfanne erhitzen und die Muscheln darin unter einmaligem Wenden bei mittlerer bis hoher Temperatur ca. 3 Minuten braten. Außen sollten sie gebräunt und innen noch schön glasig sein. Mit Pfeffer würzen.

Die Suppe mit einem Mixstab schaumig aufmixen, auf vier Teller verteilen und mit je ein bis zwei Jakobsmuscheln anrichten. Mit knusprigem Schinken garniert servieren.

FÜR 4 PERSONEN

FÜR DIE SUPPE:
1 Zwiebel
1 EL Butter
1 EL Olivenöl
750 g Erbsen, gepalt (alternativ TK-Erbsen)
100 ml trockener Wermut (z. B. Noilly Prat; alternativ trockener Weißwein)
ca. 750 ml Hühnerbrühe
150 ml Sahne
Salz
frisch gemahlener schwarzer Pfeffer
frisch geriebene Muskatnuss

FÜR DIE JAKOBSMUSCHELN:
8 frische ausgelöste Jakobsmuscheln
Mehl zum Bestäuben
Salz
2 EL Rapsöl
frisch gemahlener schwarzer Pfeffer

AUSSERDEM:
3 Scheiben Schwarzwälder Schinken

Diesmal: Languste oder Lachs

Christine Nöstlinger

Die Weihnachtswünsche der Lieben hat die Hausfrau so gut wie möglich zu erfüllen, und das gilt nicht nur für die Packerln unter dem Christbaum, das gilt auch fürs Weihnachts-Festmahl, und da die Essenswünsche der Lieben so unterschiedlich wie ihre Packerl-Wünsche sind, muss die „Harmonisierung" der Gaumenfreuden ordentlich geplant werden, was kein Kinderspiel ist. So blättert der hilfreiche Ehemann im Kochbuch und sagt: „Der Lachs da, auf Blattspinat mit Parmesan-Béchamel, der wäre ideal!" Sicher wäre er ideal! Aber leider verabscheut die eine Tochter Spinat in jeglicher Form, den Defekt hat sie seit Babytagen, und der anderen Tochter graust vor Béchamel. So blättert der Ehemann entsagend um, hält der Ehefrau das Foto eines knusprigen Entleins unter die Nase und sagt: „Dagegen kann niemand etwas haben!" „Dagegen hat mein Backrohr was!", erwidert die Ehefrau, denn für Gemahl, Töchter, Schwiegersöhne, Oma, eingereiste Kusine und am 24.12. stets zu Gast weilenden Hausfreund bräuchte es vier Entlein, und die gehen ins Haushalts-Backrohr leider nicht rein.

„Dann frag halt die Kinder", sagt der Ehemann und klappt resigniert das Journal zu.
„Kann ich mir sparen", sagt die Hausfrau. „Von denen höre ich doch nur, dass ihnen alles recht ist!"
„Dann kannst ja eh den Spinat-Béchamel-Lachs machen", sagt der Ehemann hoffnungsfroh.

„Das sagen sie doch nur, weil sie wissen, dass ich nie was koche, was sie nicht mögen", erklärt die Ehefrau.
„Dann koch was, von dem du weißt, dass sie's gern essen", sagt der Ehemann und schaut drein, als denke er: Auf meine Wünsche kommt es sowieso nie an! Die Ehefrau seufzt und sagt: „Die Kinder haben sich auch beim Essen total auseinander entwickelt, da gibt es außer Joghurt kaum was, was beide gleichermaßen mögen."
„Wie wär's mit Langusten?", fragt der Ehemann.
„Einmal im Jahr kann man sich die schon leisten, und die Schwiegersöhne schwärmen doch von ihnen so!"
„Dann isst aber die Oma keinen Bissen", sagt die Ehefrau.
So geht die Debatte tagelang weiter und dreht sich im Kreise, bis – wie jedes Jahr – etliche Tage vor Weihnachten die Oma anruft und sagt: „Das Kälberne für die Schnitzel habe ich wieder beim Bio-Bauern bestellt, er liefert's euch am 23.!" Womit – wie jedes Jahr – die Debatte ums Festessen beendet ist, denn dass zu Weihnachten Schnitzel mit Erdäpfel-Vogerlsalat zwischen Räucherforelle und Schoko-Roulade serviert werden, ist seit 30 Jahren klar, und die geringste Abweichung erschiene allen am Tische Weilenden als unverzeihlicher Traditionsbruch. ❈

WARMER ROTKOHL-ORANGEN-SALAT MIT COUSCOUS

★

Als klassisches Wintergemüse wird Rotkohl häufig zu Klößen und Gänsebraten serviert. Der recht süße Kohl ist in Kombination mit Orangen, Feta und Couscous aber auch ein köstliches Hauptgericht.

FÜR 4 PERSONEN

200 g Couscous
Salz
ca. 300 ml Orangensaft
  plus 2 EL extra
30 g Mandelstifte
5 Stängel glatte Petersilie
180 g Fetakäse
2 EL Olivenöl
frisch gemahlener
  schwarzer Pfeffer
200 g Joghurt (3,5 % Fett)
1–2 EL Milch
2,5 EL Honig
1 Msp. Chiliflocken
400 g Rotkohl
2 kleine Schalotten
1 EL Butter
¼ TL Zimt
1 große Orange

Den Couscous mit ½ TL Salz in einer Schüssel vermengen. Den Orangensaft (Menge je nach Packungsangabe des Couscous) in einem Topf aufkochen und über den Couscous gießen. Einmal durchrühren und ca. 5 Minuten zugedeckt quellen lassen. Anschließend mit einer Gabel auflockern.

Währenddessen die Mandelstifte in einer Pfanne ohne Fett unter gelegentlichem Rühren goldbraun rösten. Die Petersilie abbrausen, trocken schütteln, die Blättchen abzupfen und hacken. Den Feta zerbröseln. Mandeln, Petersilie und Feta mit 1 EL Olivenöl unter den Couscous mischen. Mit Salz und Pfeffer würzen.

Den Joghurt je nach gewünschter Konsistenz mit Milch und ½ EL Honig verrühren und mit Chiliflocken, Salz und Pfeffer würzen.

Den Rotkohl putzen, den Strunk keilförmig herausschneiden und den Kohl in feine Streifen schneiden. Die Schalotten schälen und in feine Ringe schneiden. Rotkohl und Schalotten in eine Schüssel geben, salzen und mit den Händen kräftig durchkneten, bis der Kohl etwas weicher wird. Dazu am besten Küchenhandschuhe tragen.

Das restliche Öl mit der Butter in einer Pfanne erhitzen. Die Rotkohl-Schalotten-Mischung darin bei mittlerer Hitze ein paar Minuten anschwitzen. Mit 2 EL Orangensaft, dem restlichen Honig, Zimt und Salz würzen und weitere 5 Minuten dünsten.

Währenddessen die Orange schälen, sodass die weiße Haut komplett entfernt wird. Die einzelnen Filets vorsichtig herausschneiden, halbieren und unter den Rotkohl mischen. Den Rotkohl-Orangen-Salat auf Tellern anrichten, den Couscous daraufgeben und alles mit Joghurtsoße beträufelt servieren.

ZIEGENKÄSE-ZWIEBEL-TÖRTCHEN AUF FELDSALAT

★

Für den Salat die Rote Bete von Wurzeln und Blättern befreien, ohne die Knollen zu verletzen, und in einem Topf mit Wasser bedecken. Das Wasser aufkochen und die Knollen ca. 45 Minuten garen. Gegen Ende der Garzeit leicht salzen und mit einem spitzen Messer prüfen, ob sie weich sind.

Für die Törtchen die Zwiebel schälen, vierteln und in feine Streifen schneiden. Das Öl in einer Pfanne erhitzen und die Zwiebel darin bei mittlerer Temperatur ca. 5 Minuten anschwitzen. Den Zucker einrühren und die Zwiebel ein paar Minuten karamellisieren, dann mit Balsamico ablöschen und diesen reduzieren lassen. Die Pfanne vom Herd nehmen.

Den Backofen auf 180 °C vorheizen und ein Backblech mit Backpapier auslegen. Beide Ziegenkäserollen jeweils in ca. fünf 1,5 cm dicke Scheiben schneiden. Den Blätterteig auf der leicht bemehlten Arbeitsfläche ausrollen. Daraus ca. zehn Kreise, die 2 cm größer als die Ziegenkäsescheiben sein sollten, mit einem Glas ausstechen. Die Teigkreise auf dem Backblech verteilen, dünn mit verquirltem Ei bepinseln und je ½ TL Pesto in die Mitte geben. Die Ziegenkäsescheiben daraufsetzen und mit karamellisierten Zwiebeln belegen. Das Blech in den Ofen schieben und die Törtchen ca. 25 Minuten goldbraun backen.

Währenddessen den Feldsalat putzen, verlesen, waschen und trocken schleudern. Die Pinienkerne in einer Pfanne ohne Fett unter gelegentlichem Rühren goldbraun rösten. Die Rote Bete abgießen, abkühlen lassen und am besten mit Küchenhandschuhen von der Schale befreien. Dann die Knollen vierteln, in dünne Scheiben schneiden und mit dem Feldsalat vermengen. Den Thymian abbrausen, trocken schütteln und die Blättchen fein hacken. Den Essig mit Honig und Thymian mischen, das Öl gründlich darunterschlagen. Das Dressing mit Salz und Pfeffer würzen und mit dem Salat vermengen. Den Salat auf Tellern anrichten, die Pinienkerne aufstreuen und die Törtchen daraufsetzen.

FÜR 4 PERSONEN BZW. CA. 10 TÖRTCHEN

FÜR DIE TÖRTCHEN:
1 große rote Zwiebel
1 EL Olivenöl
½ EL Zucker
½ EL Balsamicoessig
Salz
frisch gemahlener Pfeffer
2 kleine Ziegenkäserollen
(∅ 3–4 cm)
1 Rolle Blätterteig (Kühlregal)
1 Ei
5 TL Pesto Verde

FÜR DEN SALAT:
2 Knollen Rote Bete
  (alternativ vorgegarte Rote Bete)
Salz
150 g Feldsalat
30 g Pinienkerne
2 Zweige Thymian
1 EL Balsamicoessig
½ TL Honig
3 EL Olivenöl
frisch gemahlener Pfeffer

AUSSERDEM:
Mehl für die Arbeitsfläche

FESTLICHES PILZRISOTTO

★

FÜR 4 PERSONEN

2–3 Schalotten

2 kleine Stangen Staudensellerie

8 g getrocknete Steinpilze

250 g Kräuterseitlinge (alternativ
    braune Champignons)

80 g Parmaschinken nach Belieben

2 Zweige Thymian

2 EL Olivenöl

3 EL Butter

Salz

frisch gemahlener
    schwarzer Pfeffer

ca. 1,25 l Hühnerbrühe
    (alternativ Gemüsebrühe)

500 g Risottoreis (z. B. Arborio)

150 ml trockener Weißwein

Saft von ½ kleinen Zitrone

50 g frisch geriebener Parmesan

AUSSERDEM:

2 Stängel glatte Petersilie

Die Schalotten schälen und fein würfeln. Den Staudensellerie putzen, waschen, trocken tupfen und ebenfalls fein würfeln. Die getrockneten Steinpilze in 125 ml warmem Wasser einweichen, die Kräuterseitlinge putzen, trocken abreiben und in Scheiben schneiden. Den Parmaschinken, falls verwendet, in Stücke zupfen, den Thymian abbrausen, trocken tupfen und die Blättchen fein hacken.

1 EL Öl mit 1 EL Butter in einer großen Pfanne bei mittlerer Temperatur erhitzen. Ein Drittel der Schalottenwürfel darin in ein paar Minuten glasig schwitzen. Dann die Kräuterseitlinge zugeben und ca. 5 Minuten von allen Seiten anbraten. Mit Salz und Pfeffer würzen. Die Schalotten-Pilz-Mischung aus der Pfanne nehmen und in eine Schüssel geben. Den Schinken in die Pfanne geben und auslassen. Währenddessen die Steinpilze abgießen, dabei die Hälfte der Einweichflüssigkeit auffangen. Die Steinpilze hacken, dann mit dem aufgefangenen Einweichwasser und Thymian zum Schinken geben und ein paar Minuten mitbraten. Mit Pfeffer würzen. Den Pfanneninhalt zu den Kräuterseitlingen in die Schüssel geben.

Das restliche Öl mit 1 EL Butter in einem großen Topf erhitzen. Die übrigen Schalottenwürfel mit dem Staudensellerie bei niedriger Temperatur anschwitzen. Die Brühe in einem zweiten Topf erhitzen. Den Risottoreis zum Sellerie geben und ein paar Minuten unter Rühren anschwitzen. Die Temperatur erhöhen und den Reis mit Weißwein ablöschen. Den Wein etwas reduzieren lassen, dann eine Kelle heiße Brühe zugeben und unter häufigem Rühren einköcheln lassen. Sobald der Reis die gesamte Flüssigkeit aufgenommen hat, wieder eine Kelle Brühe zugeben und so fortfahren, bis der Reis gar ist, aber noch Biss hat. Das dauert insgesamt 20–25 Minuten. Zitronensaft, Pilzmischung, restliche Butter und die Hälfte des Parmesans unterrühren und alles bei ausgeschalteter Herdplatte und unter gelegentlichem Rühren noch kurz ziehen lassen. Mit Pfeffer abschmecken.

Währenddessen die Petersilie abbrausen, trocken schütteln und die Blättchen grob auseinanderzupfen. Das Risotto nach Belieben mithilfe von Servierringen auf Tellern anrichten und mit Petersilie und dem übrigen Parmesan bestreut servieren.

MARONEN-RICOTTA-RAVIOLI IN SALBEI-ZITRONEN-SOSSE

★

Für den Teig Mehl, Hartweizengrieß und Salz vermengen, die Eier zugeben und alles zu einem glatten Tag verkneten. Den Teig zu einer Kugel formen, in Frischhaltefolie wickeln und mindestens 1 Stunde im Kühlschrank ruhen lassen.

Für die Füllung die Maronen fein hacken. Zwiebel und Knoblauch schälen und würfeln. Den Parmesan reiben. Die Petersilie waschen und hacken. Das Olivenöl in einer Pfanne erhitzen und Zwiebel und Knoblauch anbraten. Die Maronen zugeben und mit anschwitzen. Die Pfanne vom Herd ziehen und die Petersilie untermengen. Die Mischung in einer Schüssel mit Ricotta und Parmesan verrühren und mit Salz, Pfeffer und Muskat würzen.

Den Teig mit der Nudelmaschine (oder mit dem Nudelholz) portionsweise zu hauchdünnen Teigbahnen (ca. 7 cm breit) ausrollen. Auf einer Teigbahn im Abstand von ca. 5 cm jeweils 1 TL Füllung verteilen. Eine zweite Teigbahn darauflegen, zwischen der Füllung gut andrücken und die Ravioli ausstechen. Die Ränder festdrücken und die Ravioli auf ein Küchentuch legen.

Für die Soße den Knoblauch schälen und fein hacken. Den Salbei waschen. Die Butter in einem kleinen Topf zerlassen, den Knoblauch darin glasig schwitzen. Den Salbei zugeben und 2 Minuten anbraten. Das Mehl darüberstäuben und kurz anschwitzen. Unter Rühren Zitronensaft, Sahne und Milch zugießen und alles aufkochen. Die Soße ca. 5 Minuten köcheln, die Salbeiblätter entfernen und die Soße weitere 5–10 Minuten unter Rühren reduzieren lassen. Den Zitronenabrieb einrühren und alles mit Salz, Pfeffer und Chilipulver würzen.

In einem großen Topf reichlich Salzwasser aufkochen. Die Temperatur etwas reduzieren und die Ravioli 5–7 Minuten garen (das Wasser sollte nicht kochen, sondern nur sieden!). Die Ravioli mit einem Schaumlöffel herausheben, abtropfen lassen, auf Teller verteilen und mit der Salbei-Zitronen-Soße anrichten. Mit Parmesan, Salbei und Pfeffer garniert servieren.

FÜR 4 PERSONEN

FÜR DIE RAVIOLI:
260 g italienisches Weizenmehl
   (Tipo 00; alternativ herkömmliches
   Weizenmehl, Type 405)
140 g Hartweizengrieß
1 Prise Salz
4 Eier

FÜR DIE FÜLLUNG:
200 g vorgegarte Maronen
1 kleine rote Zwiebel
1 Knoblauchzehe
50 g Parmesan
4 Stängel Petersilie
1 EL Olivenöl
200 g Ricotta
Salz
frisch gemahlener schwarzer Pfeffer
frisch geriebene Muskatnuss

FÜR DIE SALBEI-ZITRONEN-SOSSE:
1 große Knoblauchzehe
6 Salbeiblätter
1 EL Butter
1 EL Mehl
2 EL Saft und 1 TL Abrieb
   von ½ Bio-Zitrone
250 ml Sahne
150 ml Milch
Salz, frisch gemahlener Pfeffer
etwas Chilipulver nach Belieben

AUSSERDEM:
Mehl für die Arbeitsfläche
frisch geriebener Parmesan und
   Salbeiblätter zum Garnieren

ROTWEINGESCHMORTES RINDERRAGOUT MIT KNÖDELN

★

Dieses weihnachtliche Soulfood lässt sich gut bereits einen Tag vor dem großen Festmahl zubereiten.
Eine Nacht durchgezogen schmeckt das Rinderragout sogar noch besser!

FÜR 4 PERSONEN

FÜR DAS RAGOUT:

1 kg Rindfleisch (z. B. aus der
    Schulter), in 3–4 cm großen
    Würfeln
Salz
frisch gemahlener
    schwarzer Pfeffer
200 g Räucherspeck
4 EL Rapsöl
750 ml Rinderbrühe
250 g kleine braune Champignons
2–3 Möhren
4 Schalotten
3 EL Butter
1 TL Zucker
2 Knoblauchzehen
2 EL Weizenmehl
250 ml trockener Rotwein
4 Zweige Thymian
3 Lorbeerblätter
2 EL Worcestersauce

Für das Ragout das Fleisch kalt abspülen, trocken tupfen, salzen und pfeffern. Den Räucherspeck fein würfeln. 3 EL Öl in einem Schmortopf stark erhitzen, den Speck darin auslassen, herausnehmen und beiseitestellen. Das Fleisch im verbliebenen Fett portionsweise von allen Seiten anbraten, bis es schön gebräunt ist. Ebenfalls herausnehmen und beiseitestellen. Den Bratensatz im Topf mit 250 ml Brühe ablöschen, vom Topfboden lösen und die Flüssigkeit in das Gefäß mit der restlichen Brühe geben.

Die Pilze trocken abreiben, putzen und je nach Größe halbieren oder ganz belassen. Die Möhren putzen, schälen und in Scheiben schneiden. Die Schalotten schälen und in Ringe schneiden. 1 EL Butter im Schmortopf zerlassen und die Champignons darin ca. 3 Minuten anbraten. Herausnehmen und zum Fleisch geben. Die Möhren in 1 weiterer EL Butter ebenfalls ein paar Minuten anbraten und separat beiseitestellen. Die restliche Butter mit dem übrigen Öl erhitzen und die Schalottenringe darin anschwitzen. Den Zucker einrühren und die Schalotten unter Rühren ca. 10 Minuten karamellisieren. Den Knoblauch schälen, dazupressen und 1 Minute mitbraten.

Das Mehl einrühren und kurz anschwitzen, dann mit Rotwein und der gesamten Brühe ablöschen. Den Thymian abbrausen, trocken schütteln, die Blättchen abstreifen und mit Lorbeer und Worcestersauce in den Schmortopf geben. Die Mischung unter Rühren aufkochen, dann das Fleisch mit den Pilzen in den Topf zurückgeben und alles mit wenig Salz und Pfeffer würzen. Das Fleisch bei niedriger bis mittlerer Hitze und nicht ganz aufgelegtem Deckel 2,5–3 Stunden köcheln lassen, bis es schön zart ist und fast zerfällt und die Sauce sämig ist. Ca. 30 Minuten vor Ende der Schmorzeit die Möhren zugeben. Sollte zu viel Flüssigkeit verdampfen, etwas Wasser nachgießen. Den Lorbeer anschließend entfernen.

FÜR DIE KNÖDEL:

220 g altbackene helle Brötchen
1 Zwiebel
4 Zweige Thymian
4 Stängel Petersilie
50 g getrocknete Tomaten in Öl
1 EL Olivenöl
4 Eier (Größe M)
150 ml Milch
Salz
frisch gemahlener
  schwarzer Pfeffer
frisch geriebene Muskatnuss
2 EL Butter, zerlassen

Für die Knödel den Backofen auf 160 °C vorheizen. Die Brötchen in 1–2 cm große Würfel schneiden, auf einem mit Backpapier ausgelegten Blech verteilen und ca. 12 Minuten im Ofen rösten, dabei einmal wenden.

Währenddessen die Zwiebel schälen und fein würfeln. Den Thymian abbrausen, trocken schütteln und die Blättchen abstreifen. Die Petersilie ebenfalls abbrausen, trocken schütteln und die Blättchen fein hacken. Die getrockneten Tomaten in feine Würfel schneiden. Die gerösteten Brötchen in eine Schüssel geben und abkühlen lassen.

Das Öl in einer Pfanne erhitzen und darin die Zwiebelwürfel mit dem Thymian ein paar Minuten anschwitzen. Die Pfanne vom Herd nehmen, Tomaten und Petersilie untermischen und alles abkühlen lassen. Die Zwiebel-Tomaten-Mischung zu den Brötchen geben. Die Eier mit der Milch verquirlen und darübergießen, dann alles gründlich durchmischen und mit Salz, Pfeffer und Muskat würzen.

In einem weiten Topf reichlich Salzwasser aufkochen. Eine große Stoffserviette oder ein Küchentuch im unteren Drittel mit der zerlassenen Butter bepinseln. Den Knödelteig darauf mit nassen Händen zu einer Rolle formen (∅ ca. 7 cm), dabei seitlich mindestens 12 cm frei lassen. Die Serviette oder das Tuch eng aufrollen und die Seiten fest mit Küchengarn zubinden. Die Temperatur stark reduzieren, die Rolle ins Wasser geben und mit halb aufgelegtem Deckel 35–40 Minuten garen. Dabei darf das Wasser nicht kochen, sondern lediglich sieden.

Den Serviettenknödel anschließend aus dem Wasser heben, auswickeln und in Scheiben schneiden. Rindfleischragout, Gemüse und reichlich Soße mit den Knödeln und auf Teller verteilen und sofort servieren.

LAMMKARREE MIT PASTINAKENSTAMPF UND KNUSPRIGEN SCHALOTTEN

★

Lange waren Pastinaken komplett in Vergessenheit geraten. Glücklicherweise hat sich dieses bekömmliche Wintergemüse wieder einen festen Platz auf den Tellern erobert. Der nussig-erdige Geschmack mit der leichten Süße ist eine schmackhafte Beilage zu dem edlen Lammkarree.

Für das Fleisch die Lammkarrees unter kaltem Wasser abspülen und trocken tupfen, Silberhaut und Fett abschneiden. Haut und Fleisch zwischen den Rückenknochen sorgfältig abschaben und alles beiseitelegen. Es werden ca. 500 g Fleischabschnitte für die Soße benötigt.

Zwiebeln und Knoblauch schälen und fein würfeln. Das Öl in einem Topf erhitzen und die Fleischabschnitte darin bei hoher Temperatur ca. 5 Minuten braten. Zwiebeln und die Hälfte des Knoblauchs zugeben und ein paar Minuten mitbraten. Das Tomatenmark einrühren und kurz anrösten. Alles mit Rotwein ablöschen und diesen stark reduzieren lassen. Lammfond und 100 ml Wasser zugießen, aufkochen und ca. 20 Minuten bei niedriger bis mittlerer Temperatur offen köcheln lassen. Dann die Kräuter zugeben und die Soße weitere 20 Minuten köcheln. Anschließend durch ein feines Sieb in einen zweiten Topf gießen, gut ausdrücken, auf ca. 200 ml weiter einkochen und mit Salz und Pfeffer würzen. Die Speisestärke mit etwas kaltem Wasser verrühren, in die Soße geben und alles noch ein paar Minuten leicht köcheln lassen, bis die Soße bindet. Mit Balsamico, Salz und Pfeffer abschmecken.

Für den Stampf Pastinaken und Kartoffeln schälen, waschen und grob zerkleinern. In einem Topf mit kochendem Salzwasser ca. 15 Minuten weich garen. Sahne und Milch erwärmen. Pastinaken und Kartoffeln in ein Sieb abgießen, zurück in den Topf geben und mit der Sahnemischung und der Butter zerstampfen. Mit Salz und Muskat würzen.

FÜR 4 PERSONEN

FÜR DAS FLEISCH:

2 Lammkarrees (insgesamt 1,2–1,4 kg), mit Fettdeckel
2 große Zwiebeln
3 Knoblauchzehen
3 EL Rapsöl
1,5 EL Tomatenmark
250 ml trockener Rotwein
400 ml Lammfond
2 Lorbeerblätter
1 Zweig Rosmarin
4 Zweige Thymian
Salz
frisch gemahlener schwarzer Pfeffer
1–2 TL Speisestärke
1 EL Balsamicoessig
2 EL Olivenöl
1 EL Butter

FÜR DEN PASTINAKENSTAMPF:

600 g Pastinaken
400 g mehligkochende Kartoffeln
Salz
100 ml Sahne
50 ml Milch
2 EL Butter
frisch geriebene Muskatnuss

FÜR DIE SCHALOTTEN:

4 Schalotten
Mehl zum Wenden
1 Msp. Cayennepfeffer
Rapsöl zum Frittieren
Salz

Den Backofen auf 175 °C vorheizen, eine Fettpfanne unter den Rost stellen. Das Olivenöl mit der Butter in einer Pfanne erhitzen, die Lammkarrees mit dem restlichen Knoblauch darin zunächst mit der Fleischseite nach unten ca. 2 Minuten anbraten, bis sie etwas Farbe bekommen haben. Dann wenden, weitere 2 Minuten (auch an den Seiten) braten und mit Salz und Pfeffer würzen. Die Lammkarrees auf den Rost setzen und ca. 14 Minuten im Ofen garen. Sie sollten dann innen noch schön rosa sein.

Währenddessen die Schalotten schälen und in Ringe schneiden. Einen kleinen Teller mit Mehl füllen und mit Cayennepfeffer mischen. Die Schalottenringe darin wenden, überschüssiges Mehl abschütteln. Eine Pfanne ca. 1 cm hoch mit Öl füllen und dieses auf ca. 170 °C erhitzen. Die Schalottenringe darin portionsweise ca. 1 Minute goldbraun und knusprig frittieren. Auf Küchenpapier abtropfen lassen und sofort leicht salzen.

Die Lammkarrees aus dem Ofen nehmen, in Alufolie wickeln und 5 Minuten ruhen lassen. Pastinakenstampf und Soße erhitzen. Das Fleisch zwischen den Rippenknochen portionieren und mit der Soße und dem Pastinakenstampf auf Tellern anrichten. Mit den knusprigen Schalottenringen garniert servieren.

Der unschuldige Dieb

Ewald Benecken

Manchmal geschah früher – als wir zu Weihnachten auch noch einen Tannenbaum aufstellten – dann und wann etwas Seltsames damit. Wir – das heißt, wenn meistens natürlich meine Frau den Baum mit viel Liebe geschmückt hatte, passierte es in den folgenden Tagen des Öfteren, dass die eine oder andere Süßigkeit auf wundersame Art und Weise vom Weihnachtsbaum verschwand. Zunächst verloren meine Frau und ich darüber kein Wort, doch irgendwann schauten wir uns verstohlen, ja, skeptisch an. Glaubten wir doch beide, dass der andere den einen oder anderen Nougatkringel heimlich aus den Zweigen herausgefischt hatte.

Das ging so lange gut, bis meine Frau mit hochgezogenen Brauen eines Tages zu mir sagte: „Die Süßigkeiten sollten eigentlich für die Kinder da sein. Ich finde es nicht richtig von dir, dass du da heimlich hingehst. Wenn du unbedingt schon welche essen möchtest, dann nimm dir welche aus dem Schrank. Dort stehen noch ein paar Tüten mit den Resten!" Ich war mir natürlich keiner Schuld bewusst und verteidigte vehement meine Unschuld.

Doch irgendwann, an einem Nachmittag, fand meine Frau ein wenig Silberpapier hinter einem Sessel, hob dieses auf und schaute mich abermals, dieses Mal jedoch ziemlich verärgert, an.

„Ich bin das nicht gewesen!", verteidigte ich mich erneut, zudem sanft lächelnd, und hoffte, dass dieses Lächeln meine Unschuld glaubhaft unterstreichen würde.

Zunächst hatte ich damit jedoch keinen Erfolg. So lange, bis… ja, bis die große Blonde, die sich drohend vor meinem Sessel aufgebaut hatte – einem Geistesblitz folgend mich fragte, ob es auch möglich sein könnte, das unser drittes Familienmitglied der Täter gewesen sein könnte.

Das erschien mir allerdings als viel zu unwahrscheinlich. Wie sollte der denn die Schokoladenkringel und Nougatstäbchen heil von den Zweigen bekommen haben … und das auch noch ohne den Baum umzukippen? Nach reiflicher Überlegung, während der ich zum x-ten Mal meine Unschuld beteuert hatte, gelangten wir dann zu der ein wenig zweifelhaften Überzeugung, dass nur Buster Keaton der Übeltäter gewesen sein konnte.

Daraufhin beschlossen wir, ihn heimlich zu überwachen. Das stellte sich allerdings als gar nicht so einfach heraus, denn er konnte verdammt gut hören, so gut, dass wir eigentlich gar keine Chance hatten, ihn als Täter zu überführen. Oh, Wunder, es gelang uns ein paar Stunden später dennoch. Völlig darauf konzentriert, das Silberpapier nicht in kleine Stücke zu zerreißen, saß unser Hund auf dem Teppich und wickelte mit Zähnen und Krallen sehr geschickt einen Schokoladenkringel aus. Als er uns dann bemerkte, verschwand er mit schuldvoll angelegten Ohren sowie eingeklemmtem Schwanz blitzschnell aus dem Wohnzimmer.

Meine Güte, war ich danach froh, dass wir unseren Hund als Schokoladendieb hatten überraschen können … ❄

LEBKUCHENMOUSSE MIT SCHOKOSOSSE UND KROKANT

★

Diese lockere Lebkuchenmousse ist ein unwiderstehliches Dessert und ein würdiger Abschluss für ein festliches Weihnachtsmenü. Statt mit Haselnüssen kann das knusprige Krokant auch mit Pistazien oder Mandeln zubereitet werden.

FÜR 4 PERSONEN

FÜR DIE MOUSSE:

3 Blätter Gelatine
200 g Crème fraîche
200 g Joghurt (3,5 % Fett)
80 g Zucker
2 Pck. Bourbon-Vanillezucker
2 TL Lebkuchengewürz
1 EL Saft und ½ TL Abrieb
  von 1 Bio-Orange
150 ml Sahne

FÜR DEN HASELNUSSKROKANT:

80 g gehobelte Haselnusskerne
70 g Zucker

FÜR DIE SOSSE:

75 g Halbbitterschokolade
100 ml Milch
1–2 TL Zucker
1 Prise gemahlener Zimt

Für die Mousse die Gelatine kurz in kaltem Wasser einweichen. Crème fraîche, Joghurt, Zucker, Vanillezucker, Lebkuchengewürz sowie Orangensaft und -abrieb in einer Schüssel verrühren.

Die Gelatineblätter tropfnass in einen kleinen Topf geben und bei geringer Hitze unter Rühren auflösen. Vorsicht, die Flüssigkeit darf nicht kochen! Nach und nach 4 EL der Creme zugeben und gut mit der Gelatine verrühren. Dann die Gelatinemischung in die übrige Creme rühren, bis alles gründlich vermischt ist, und die Schüssel abgedeckt für ca. 20 Minuten in den Kühlschrank stellen. Anschließend die Sahne steif schlagen, unter die gelierende Creme heben und die Mousse weitere 3 Stunden kalt stellen.

Für den Haselnusskrokant die Nüsse in einer Pfanne ohne Fett ein paar Minuten goldbraun rösten. Herausnehmen und die Pfanne auswischen. Den Zucker mit 3 EL Wasser hineingeben und hellbraun karamellisieren lassen, dann sofort die gerösteten Nüsse zugeben, die Temperatur reduzieren, damit nichts anbrennt. Rühren, bis die Nüsse schön gebräunt sind, ggf. noch etwas Wasser untermischen. Den Krokant flach auf Backpapier verteilen und auskühlen lassen, dann grob zerhacken oder auseinanderbrechen.

Für die Soße die Schokolade in Stücke brechen. Die Milch aufkochen und die Schokolade darin bei niedriger Temperatur unter Rühren schmelzen. Nach Belieben mit Zucker süßen und mit Zimt würzen. Die Soße abkühlen lassen.

Die Mousse auf Gläser verteilen oder aus der Mousse Nocken abstechen und auf Dessertteller verteilen. Mit Schokosoße beträufeln und mit Haselnusskrokant bestreut servieren.

WEIHNACHTSPARFAIT MIT MANDELN UND PISTAZIEN

★

Das Wort Parfait kommt aus dem Französischen und bedeutet so viel wie vollkommen.
Und so ist dieses kühl-sahnige Dessert auch ein hervorragender Abschluss für ein festliches Menü.
Die halbgefrorene Nachspeise hält sich im Gefrierfach bis zu zwei Wochen. Einmal angetaut
sollte man sie allerdings nicht wieder einfrieren.

Für das Parfait die Amaretti in einen Zip-Beutel geben und mit dem Nudelholz zerstoßen. Mandeln und Pistazien fein hacken. Die Vanilleschote aufschlitzen und das Mark herauskratzen.

In einem Topf Wasser aufkochen und die Temperatur reduzieren, sodass das Wasser nur noch leicht köchelt. Eine passende Metallschüssel auf den Topf setzen; der Schüsselboden sollte das Wasser nicht berühren. Eigelbe, Puderzucker und Vanillemark in der Schüssel ca. 10 Minuten dickcremig schlagen. Dabei aufpassen, dass die Masse nicht zu heiß wird (keinesfalls über 70 °C), damit die Eigelbe nicht stocken. Die Schüssel vom Wasserbad nehmen und weiterschlagen, bis die Masse kalt ist.

Die Sahne steif schlagen. Ein Drittel davon mit dem Amaretto unter die Eigelbmasse rühren. Amaretti, Mandeln und Pistazien und zum Schluss den Rest Sahne in mehreren Schritten behutsam unterheben. Den Boden der Springform mit Backpapier auslegen, die Parfaitmasse einfüllen und glatt streichen. Für mindestens 6 Stunden abgedeckt ins Gefrierfach stellen.

Für das Topping kurz vor dem Servieren die Waldbeeren mit 3 EL Puderzucker in einen kleinen Topf geben, aufkochen und ein paar Minuten köcheln lassen. Nach Belieben mit Puderzucker abschmecken. Die Stärke mit 1–2 EL kaltem Wasser verrühren und zu den Beeren geben. Alles noch ca. 2 Minuten unter Rühren köcheln lassen, bis die Mischung leicht eindickt. Den Zitronenabrieb untermengen.

Das Parfait kurz antauen lassen, in Stücke schneiden und auf Teller verteilen. Mit dem warmen Beerentopping beträufelt servieren.

FÜR 1 SPRINGFORM (24 CM)

FÜR DAS PARFAIT:
100 g Amaretti
40 g blanchierte Mandeln
25 g geschälte Pistazienkerne
1 Vanilleschote
5 Eigelb (Größe L)
100 g Puderzucker
400 ml Sahne
2 EL Amaretto

FÜR DAS TOPPING:
300 g gemischte TK-Waldbeeren
3–4 TL Puderzucker
1 TL Speisestärke
Abrieb von ½ Bio-Zitrone

AUSSERDEM:
frische Beeren und Zitronenabrieb
  zum Garnieren

Der kleine Tannenbaum

Manfred Kyber

Es war einmal ein kleiner Tannenbaum im tiefen Tannenwald, der wollte so gerne ein Weihnachtsbaum sein. Aber das ist gar nicht so leicht, wie man das meistens in der Tannengesellschaft annimmt, denn der Heilige Nikolaus ist in der Beziehung sehr streng und erlaubt nur den Tannen als Weihnachtsbaum in Dorf und Stadt zu spazieren, die dafür ganz ordnungsmäßig in seinem Buch aufgeschrieben sind. Das Buch ist ganz erschrecklich groß und dick, so wie sich das für einen guten alten Heiligen geziemt. Und damit geht er im Walde herum in den klaren kalten Winternächten und sagt es allen den Tannen, die zum Weihnachtsfeste bestimmt sind. Dann erschauern die Tannen, die zur Weihnacht erwählt sind, vor Freude und neigen sich dankend. Dazu leuchtet des Heiligen Heiligenschein und das ist sehr schön und sehr feierlich.

Und der kleine Tannenbaum im tiefen Tannenwald, der wollte so gerne ein Weihnachtsbaum sein. Aber manches Jahr schon ist der Heilige Nikolaus in den klaren kalten Winternächten an dem kleinen Tannenbaum vorbeigegangen und hat wohl ernst und geschäftig in sein schrecklich großes Buch geguckt, aber auch nichts und gar nichts dazu gesagt. Der arme kleine Tannenbaum war eben nicht ordnungsmäßig vermerkt – und da ist er sehr, sehr traurig geworden und hat ganz schrecklich geweint, sodass es ordentlich tropfte von allen Zweigen.

Wenn jemand so weint, dass es tropft, so hört man das natürlich, und diesmal hörte das ein kleiner Wicht, der ein grünes Moosröcklein trug, einen grauen Bart und eine feuerrote Nase hatte und in einem dunklen Erdloch wohnte. Das Männchen aß Haselnüsse, am liebsten hohle, und las Bücher, am liebsten dicke, und war ein ganz boshaftes kleines Geschöpf.

Aber den Tannenbaum mochte es gerne leiden, weil es oft von ihm ein paar grüne Nadeln geschenkt bekam für sein gläsernes Pfeifchen, aus dem es immer blaue ringelnde Rauchwolken in die goldene Sonne blies – und darum ist der Wicht auch gleich herausgekommen, als er den Tannenbaum so jämmerlich weinen hörte, und hat gefragt: „Warum weinst du denn so erschrecklich, dass es tropft?"

Da hörte der kleine Tannenbaum etwas auf zu tropfen und erzählte dem Männchen sein Herzeleid. Der Wicht wurde ganz ernst und seine glühende Nase glühte so sehr, dass man befürchten konnte, das Moosröcklein finge Feuer, aber es war ja nur die Begeisterung, und das ist nicht gefährlich. Der Wichtelmann war also begeistert davon, dass der kleine Tannenbaum im tiefen Tannenwalde so gerne ein Weihnachtsbaum sein wollte, und sagte bedächtig, indem er sich aufrichtete und ein paarmal bedeutsam schluckte:

„Mein lieber kleiner Tannenbaum, es ist zwar unmöglich, dir zu helfen, aber ich bin eben ich und mir ist es vielleicht doch nicht unmöglich, dir zu helfen. Ich bin nämlich mit einigen Wachslichtern, darunter mit einem ganz bunten, befreundet, und die will ich bitten, zu dir zu kommen. Auch kenne ich ein großes Pfefferkuchenherz. Das allerdings nur flüchtig – aber jedenfalls will ich sehen, was sich machen lässt. Vor allem aber – weine nicht mehr so schrecklich, dass es tropft." Damit nahm der kleine Wicht einen Eiszapfen in die Hand als Spazierstock und wanderte los durch den tief verschneiten Wald, der fernen Stadt zu.

Es dauerte sehr, sehr lange, und am Himmel schauten schon die ersten Sterne der Heiligen Nacht durchs winterliche Dämmergrau auf die Erde hinab und der kleine Tannenbaum war schon wieder ganz traurig geworden und dachte, dass er nun doch wieder kein Weihnachtsbaum würde.

Aber da kam's auch schon ganz eilig und aufgeregt durch den Schnee gestapft, eine ganze kleine Gesellschaft: der Wicht mit dem Eiszapfen in der Hand und hinter ihm sieben Lichtlein. Und auch eine Zündholzschachtel war dabei, auf der sogar was draufgedruckt war und die so kurze Beinchen hatte, dass sie nur mühsam durch den Schnee wackeln konnte. Wie sie nun alle vor dem kleinen Tannenbaum standen, da räusperte sich der kleine Wicht im Moosröcklein vernehmlich, schluckte ein paarmal ganz bedeutsam und sagte: „Ich bin eben ich – und darum sind auch alle meine Bekannten mitgekommen. Es sind sieben Lichtlein aus allervornehmstem Wachs, darunter sogar ein buntes, und auch die Zündholzschachtel ist aus einer ganz besonders guten Familie, denn sie zündet nur an der braunen Reibfläche. Und jetzt wirst du also ein Weihnachtsbaum werden. Aber was das große Pfefferkuchenherz betrifft, das ich nur flüchtig kenne, so hat es auch versprochen zu kommen, es wollte sich nur noch ein Paar warme Filzschuhe kaufen, weil es gar so kalt ist draußen im Wald. Eine Bedingung hat es freilich gemacht: Es muss gegessen werden, denn das müssen alle Pfefferkuchenherzen, das ist nun mal so. Ich habe schon einen Dachs benachrichtigt, den ich sehr gut kenne und dem ich einmal in einer Familienangelegenheit einen guten Rat gegeben habe. Er liegt jetzt im Winterschlaf, doch versprach er, als ich ihn weckte, das Pfefferkuchenherz zu verspeisen. Hoffentlich verschläft er's nicht!"

Als das Männchen das alles gesagt hatte, räusperte es sich wieder vernehmlich und schluckte ein paarmal gar bedeutsam und dann verschwand es im Erdloch. Die Lichtlein aber sprangen auf den kleinen Tannenbaum hinauf und die Zündholzschachtel, die aus so guter Familie war, zog sich ein Zündholz nach dem anderen aus dem Magen, strich es an der braunen Reibfläche und steckte alle die Lichtlein der Reihe nach an. Und wie die Lichtlein brannten und leuchteten im tief verschneiten Wald, da ist auch noch keuchend und atemlos vom eiligen Laufen das Pfefferkuchenherz angekommen und hängte sich sehr freundlich und verbindlich mitten in den grünen Tannenbaum, trotzdem es nun doch die warmen Filzschuhe unterwegs verloren hatte und arg erkältet war.

Der kleine Tannenbaum aber, der so gerne ein Weihnachtsbaum sein wollte, der wusste gar nicht, wie ihm geschah, dass er nun doch ein Weihnachtsbaum war.

Am anderen Morgen aber ist der Dachs aus seiner Höhle gekrochen, um sich das Pfefferkuchenherz zu holen. Und wie er ankam, da hatten es die kleinen Englein schon gegessen, die ja in der Heiligen Nacht auf die Erde dürfen und die so gerne die Pfefferkuchenherzen speisen. Da ist der Dachs sehr böse geworden und hat sich bitter beklagt und ganz furchtbar auf den kleinen Tannenbaum geschimpft.

Dem aber war das ganz einerlei, denn wer einmal in seinem Leben seine Heilige Weihnacht gefeiert hat, den stört auch der frechste Frechdachs nicht mehr. ❉

Register

TEAM

★   ★   ★

Lisa Nieschlag

Die letzten Tage im Jahr genießt Lisa gerne fernab des Trubels in ihrem Haus in den Bergen im Kreise ihrer Lieben. Umgeben von Schnee und inmitten einer idyllischen Landschaft findet sie die Muße für neue Ideen – sehr zur Freude aller.

Denn mit ihren fotografischen Inszenierungen macht die Kochbuchautorin zahlreichen Lesern Appetit auf mehr. Erst recht, wenn sie dann als Food-Fotografin alles noch so geschmackvoll in Szene setzt.

Die Küche ist der kreative und kulinarische Mikrokosmos der studierten Designerin, in der sie ihre vielfältigen Passionen Backen, Stylen, Fotografieren und Designen ganz ausleben kann. Nicht selten erhält sie dabei tatkräftige Unterstützung von ihrer Tochter.

Zusammen mit Julia betreibt Lisa den beliebten Food-Blog „Liz & Jewels".

www.lizandjewels.com

Lars Wentrup

Lars besitzt eine geheime Rezeptur für erfolgreiche Kochbücher. Illustrationen scheinen ihm wie Schnee aus den Fingern zu rieseln. Mit weißen Flocken verbindet er viele schöne Kindheitserinnerungen, die er jetzt mit seinen Kindern wieder auffrischt.

Es ist bereits das zehnte Kochbuch, für das Lars die Gestaltung übernimmt. Und immer wieder ist es für den Designer und Illustrator etwas Besonderes, wenn sich die einzelnen Seiten mit Leben füllen. Angespornt durch das kreative Foodstyling und die eindrucksvollen Bildwelten schafft Lars die perfekte Plattform und bringt den – in jeder Hinsicht – guten Geschmack zu Papier. So gestaltet er eine ganz eigene Weihnachtsgeschichte – für gesellige und kulinarische Stunden.

Seit 2001 führt Lars gemeinsam mit Lisa eine vielfach ausgezeichnete Agentur für Kommunikationsdesign in Münster.

www.nieschlag-und-wentrup.de

Julia Cawley

Eisskaten am Rockefeller Center? Rodeln im Central Park? Julia hat es erlebt. Fünf Jahre hat sie im Big Apple gearbeitet und New York auch bei klirrender Kälte und frostigen Temperaturen lieben gelernt.

Jetzt lebt die international gefragte Fotografin mit ihrer Familie in Hamburg, dem Tor zur Welt.

Ihr geschultes Auge insbesondere für Landschafts- und Städtefotografie stellt sie nicht zuletzt in diesem Buch eindrucksvoll unter Beweis. Julia ist kein Weg zu weit, um an ihr Ziel zu kommen. Wenn Schneebilder gewünscht sind und in Deutschland der Schnee mal wieder auf sich warten lässt, dann fährt sie einfach nach Südtirol – immer auf der Suche nach dem schönsten Motiv.

Als Foodbloggerin organisiert Julia außerdem mit Lisa internationale Food-Styling- und Photography-Workshops.

www.juliacawley.com

DANKE

---🌲---

Ein großes Dankeschön an Julia für ein Winterfeeling à la carte: Die wunderschönen Schneebilder haben bei uns tiefe Spuren hinterlassen, denen wir mit unserer Arbeit gefolgt sind – für ein unvergessliches „White Christmas".

Bedanken möchten wir uns auch wieder bei Christin für die kulinarische Zusammenarbeit sowie bei Philipp, der uns mit seinen Kochkünsten großartig zur Seite stand.

Danke auch an Anne für ihre vielseitige Unterstützung vor und hinter der Kamera sowie an Tina und Sanne für ihren fotografischen Einsatz in der Winterpause.

Ein herzliches Dankeschön gilt nicht zuletzt unseren Kooperationspartnern: „Geliebtes Zuhause" und „Sinikka Harms Ceramics".

IMPRESSUM

5 4 3 21 20 19 18 17
ISBN 978-3-88117-967-6
© 2017 Hölker Verlag
in der Coppenrath Verlag GmbH & Co. KG
Hafenweg 30, 48155 Münster, Germany
Alle Rechte vorbehalten, auch auszugsweise

www.hoelker-verlag.de

Fotos:
Lisa Nieschlag: Seite 1, 10, 13 oben, 13 links unten, 16, 17, 18, 21, 24, 26, 27, 30, 31, 33, 34, 36, 38, 39, 43, 44, 45, 46, 47, 49, 50, 53, 54, 59, 60, 61, 62, 63, 65, 66, 71, 72, 75, 77, 78, 79, 80, 81, 84, 87, 88, 90, 92, 93, 94, 95, 97, 98, 99, 100, 105, 106, 108, 109, 110, 113, 114, 115, 117, 119, 120, 121, 125, 126, 127, 130, 131, 132, 136, 137, 138, 143, 145, 146, 147, 149, 150, 153, 154, 155, 156, 158, 163, 164, 165, 170, 176
Julia Cawley: Seite 2, 4, 7, 8, 9, 13 rechts unten., 23, 28, 37, 40, 48, 56, 68, 76, 82, 91, 96, 102, 116, 128, 134, 140, 159, 160, 167, 168, 171, Einklapper vorn u. hinten, Titel
Kristina Ballerstaedt: Seite 14, 22, 174
Susanne Neiße: Seite 3, 172
Lars Wentrup: Seite 122
Anne Haas: Portraits Lisa Nieschlag und Lars Wentrup Seite 174
Franziska Krauss: Portrait Julia Cawley Seite 174

Rezepte: Christin Geweke
Gestaltung und Satz: Nieschlag + Wentrup, Büro für Gestaltung
Koch am Set: Philipp Gakstatter
Assistenz: Anne Neier
Litho: FSM Premedia, Münster
Redaktion: Angela Vornefeld, Julia Bauer

Textnachweis:
Ewald Benecken, Der unschuldige Dieb.
© bei Jutta Benecken

Max Bolliger, Eine Wintergeschichte.
Aus: Max Bolliger, Ein Duft von Weihrauch und Myrrhe.
© 2009 Verlag am Eschbach der Schwabenverlag AG, Eschbach/Markgräferland

Christine Nöstlinger, Diesmal: Languste oder Lachs.
Aus: Christine Nöstlinger. Das Leben ist am schwersten zwei Tage vor dem Ersten.
© 2005 Residenz Verlag Salzburg-Wien

Barbara Pronnet, Der Weihnachtsteller.
© bei der Autorin